JN096741

GUIDE BOOK

子ども編

地域作業療法ガイドブック

小林　隆司
監修

佐々木将芳
糸山　智栄
藤﨑　咲子
田中　雅美
編著

Ryuji Kobayashi
Masayoshi Sasaki
Chie Itoyama
Sakiko Fujisaki
Masami Tanaka

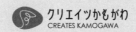
クリエイツかもがわ
CREATES KAMOGAWA

「学童保育×作業療法士」との出会いから
地域連携の進展へ

私は、作業療法士（OT）という仕事が大好きです。

"わが家の子育て"を大切にしながら仕事を続けるためには、学童保育が必要でした。

学童保育は、偶然その地域で同じ時期に生活することになった人々が"仕事と子育ての両立"というキーワードで集まったごちゃまぜの場です。

わが家の子どもたちがお世話になっていた当時、私の住む町の学童保育は保護者の力で運営をしていました。子育て、仕事に加えた役員活動は大変なことも多くありましたが、たくさんの仲間と協力し合って子どもたちの過ごしと支援員さんたちの奮闘を支えたことはとても貴重な経験となりました。そして、私たち保護者や地域社会は今もその存在に支えられています。私は、みんながみんなのために頑張る学童保育のことも大好きになりました。

子どもたちが卒所してからも、ひとりの町民として学童保育を応援する立場で活動してきました。そんな時、偶然の導きによって「学童保育×作業療法士」に出会いました。大好きなもの同士がコラボレーションするなんて、興味を引かれないわけがありません。

"その人らしい生活や作業を支える"
作業療法

私は常々、作業療法士という仕事は地域社会で日々営まれている生活の場でこそ、本来の力が発揮できるのではないかと感じてきました。私は約16年間、作業療法士として介護保険に関わる仕事をしています。この分野では、さまざまな職種や立場のメンバーがチームとして連携し目の前にいる方の生活を支えています。個別の疾患や障害の特性に合わせた支援を行ったり、日常生活動作の工夫を提案するだけでなく、心理面の支援や家族支援も含めた環境整備を積極的に行います。生活全般を見渡すマネジメントの視

点を活用できる作業療法士の専門性が存分に発揮される場です。

　"その人らしい生活や作業を支える"という私たちの視点は、養成校の一年次に学ぶ基本中の基本です。これは、対象者の年代や疾患が変わっても同じ、作業療法の魅力そのものだと思います。「学童保育×作業療法士」に出会った時、その視点が学童保育の場でも活かせるなんて、なんて素晴らしい取り組みなんだろう！と感動しました。

　その出会いから私は改めて子ども分野の支援について学び、作業療法の立ち位置についてもいろいろと調べてみました。そして、医療や介護の分野で当たり前に行われている専門職中心のチームでの取り組みは、学童保育など地域生活を住民同士が支え合う場では一般的でないことを知りました。

「学童保育×作業療法士」のパワー

　学童保育に通う子どもたちは"生活を守るために仕事を続けたい""仕事と子育て両方とも頑張りたい""子育て中の職員にも仕事を続けてもらいたい"と考える大人たちの協力者です。そして、多くの支援員さんは私たち保護者が、働きながら子育てをしようとしていることを応援したい！と思ってくれています。

　学童保育が子どもに「適切な遊び及び生活の場を与え、子どもの状況や発達段階を踏まえながら、その健全な育成を図る事業」（放課後児童クラブ運営指針より）であることは間違いないのですが、その一方で、子ども一人ひとりが自分のやりたいことをやりたいようにできることを目的とした場、というわけではありません。そのため、子ども同士、子どもと支援員、支援員と保護者、子どもと保護者、そして学童保育が置かれた環境全体のつながりの中で、時として難しい課題も生まれます。さまざまな目的や立場が入り乱れているごちゃまぜな場なので、それは当然のことだと思います。そのようなごちゃまぜな環境に苦労しながらも、もっと子どもたちや保護者のためによい仕事をしたい！と願った支援員さんたちの熱意が「学童保育×作業療法士」のパワーをここまで育て、後押ししてくださったのだと思います。

地域に目を向けてみたいと思えるきっかけに

　作業療法士は、その場にある作業に焦点を当てながら、モノや人のつながりの難しさを客観的にアセスメントし、それらを分析することで、モノや人、場がもつ潜在能力を引き出していきます。この本には、多様な人が関わり合う地域という場で、その力を存分に発揮されている作業療法士のみなさんの実践が集まりました。また「学童保育×作業療法士」をきっかけに出会って生まれた新たなコラボレーションや「学童保育×作業療法士」での体験を活かし、さらなる場にチャレンジしている方々の声もたくさん届いています。

　私は2020年より作業療法士と、作業療法士のことが好きだ！と言ってくださる多職種、多立場のみなさんと共に、地域にあるさまざまな課題に対して一緒に考えるオンラインコミュニティ（OTIT）の運営メンバーとして活動しています。学童保育も作業療法士も大好き！という気持ちから始まった行動が、全国各地で展開されているさまざまな取り組みに関わり、学童保育と作業療法士の魅力をアピールできる立場につながったことは、子育ても仕事も役員活動も正面から向き合おうとしてきた私への思いがけないご褒美です。

　私が初めて「学童保育×作業療法士」に出会った時のように、この本に出会いさまざまな想いに触れたことが、ご自身の生活や身のまわりの地域に目を向けてみたいと思えるきっかけのひとつとなったら幸いです。

2024年2月

編著者を代表して　藤﨑　咲子

OTにIT 会いてぇ～
「作業療法士」に注目した
オンライン多職種交流会

新型コロナウイルス感染症が急拡大した2020年6月から始めた「作業療法士」に注目したオンライン多職種交流会です。
作業療法士さんの仕事や活動の話、作業療法士さんに知ってもらいたい地域や子どもの活動など、多彩なテーマで、ゆるく開催しています。
●告知はFacebookまたはオープンチャット（QR）をご覧ください

日　時：毎週火曜日　21：00〜22：30 形　式：Zoom ミーティング 参加費：無料（申込み不要）	Zoom（毎回同じです） ID：949 6312 5418 パスワード：OT2IT4 オープンチャット

CONTENTS

嚆矢濫觴
<ruby>嚆<rt>こう</rt></ruby><ruby>矢<rt>し</rt></ruby><ruby>濫<rt>らん</rt></ruby><ruby>觴<rt>しょう</rt></ruby>

―― まちに、野に里に、作業療法士、地域で芽を出す ――

小林隆司（兵庫医科大学　作業療法士）

　地域の作業療法士は、住民の健康と幸福を促進するために、住み慣れた場所で、作業に焦点を当てた支援を行う者である。

　病院勤務の後の数時間、ふらりと地域に出てみる兼業型から、寝ている時以外、いや、寝ても覚めても、打ち込む専業型まで、形態は自由だ。

　情熱さえあれば、高度な技術も崇高な理念も必要ないといわれがちだが、なんでもいいわけでもない。それなりの形はある。形から入っていくことはときに有効だ。形から入ったところから自然とその基本的資質が涵養される部分も多い。例えば、映画『ベスト・キッド』。ダニエル少年にミヤギ老師は両手でのワックス塗りをひたすらさせたが、その動きこそが、空手の上段もしくは中段受けに等しかったのである。

　私の独断と偏見によって、地域で活動する作業療法士の一つの形を示したい。仮に「かかりつけ作業療法士」とでも呼ぼう。まだ定まった形がないので、これが議論の嚆矢になればうれしい。
<ruby>嚆<rt>こう</rt></ruby><ruby>矢<rt>し</rt></ruby>

❶ まずは、とにもかくにも服装から（図 1 参照）

　服装は、フォーマル傾向の強いものとインフォーマル傾向の強いものに大別される。主治医に面会するとか、地域ケア会議に参加するといったフォーマルな場にも、ぎりぎり対応できそうなフォーマルスタイルを 1 着は用意しておきたい。普段は、それぞれの作業療法性を突き詰めたウエアを着こなそう。

1）ぎりぎりフォーマルウェア

　靴は、普通の革靴に見えて、防水性やソールのグリッピングの高いものがよい。会議から農作業、野山での高齢者の捜索にも役に立つからである。ズボンは登山用のもので、黒や灰色のものを選ぶとよい。登山のウエアは過酷な環境で使用することを前提としているので、震災時には自分の安全性をより高めることになる。自分の安全を

確保してこそ、住民の安全に動けることを肝に銘じるべきである。少し値は張るが、長持ちするし、濡れてもすぐに乾く素材が使われているので便利である。

　上着は、襟付きのシャツかポロシャツにしよう。フォーマルを意識するのであれば、派手なものは避けたほうがいい。ここまでが基本であるが、フォーマルに対応するために、丸めても型崩れしないジャケットを携帯しておくとよい。これでサービス担当者会議はもとより、ドレスコードのあるだいたいのゴルフ場やレストランも大丈夫である。

2）あらゆる場面に対応できるインフォーマルウェア

　靴は、居宅訪問時に脱ぎ履きが簡単であると同時に、しっかりと足にフィットするものがいい。サイドファスナー付きのウォーキングシューズ等がおすすめである。ズボンは伸縮性のある素材で、虫刺され防止のために、夏でも長いものがよい。登山用のズボンであれば、バックルがプラスチックのものが多く、移乗動作時に対象者を傷つけない。

フォーマル傾向の強いスタイル

①ユニクロ
「コンフォートジャケット」
シワになりにくい素材
ビジネスにも対応

②ラルフローレン「ポロシャツ」
③モンベル「O.D. パンツライト」
　薄手だが春〜秋、登山にも対応
④ホーキンス「IT4 INCH 3E」（防水・透湿）
　外見はビジネスシューズだが高性能のキャンピング
　シューズでいかなる状況でも快適に着用できる

インフォーマル傾向の強いスタイル

①「スタッフジャンバー」
　裏面に作業療法士といれる

②エプロン：なにかと便利

プラスチック製

③カンタベリー「ラグビージャージ」
　引っ張られても破れにくい
④ノースフェイス「ベーシックリリースパンツ」
⑤ニューバランス「WW585」

図1）服装の例

上着は、動きやすいものであればなんでもいいが、子どもに引っ張られることが想定される場合には、頑健性の高いラガーシャツ等がよい。そしてアウターは、急な雨に備えて、スタッフジャンバーを羽織っておきたい。できれば「作業療法士」と文字の入ったものにすると、職種全体の宣伝にもなる。また、外での活動用に帽子を準備しておきたい。さらに、エプロンは必携で、スライム遊びや調理練習、材木切断等とその用途は広い。

② 持ち物も抜かりなく

　かかりつけ作業療法士たるもの、救急や防災に加えて、住民の作業に資するものは常備しておきたい。ここでは、バッグ内備品と車内備品とに分けて最低限必要なものを紹介する。

1）バッグ内備品

　バッグは、持ちやすさや収納量を考えるとメディカルバッグがよい。バイタルチェックのために体温計、血圧計、聴診器、ストップウオッチ、パルオキシメーターは備えておこう。救急用品として、包帯、サージカルテープ、アルコール綿、消毒液、ガーゼ、ばんそうこう、マスク、手袋、ピンセット、ハサミ、冷却シート、綿棒、ポリ袋、アンビューバッグ等を入れておこう。アンビューバッグ（図2参照）は今や必需品であるが、使い方はしっかりと練習しておこう。できれば静的な場面だけでなく、テレビ番組『コードブルー』を参考に、ストレッチャーで移動しながらアンビューバッグを安定して押し、「JCS300」（痛み刺激に対してまったく反応しない意識レベル）と叫ぶところまでできるようになっておきたい。

　作業に関係するものとして、興味・関心チェックシートやADOC（作業の目標設定ツール）等を用意しておきたい。筆記用具やバイン

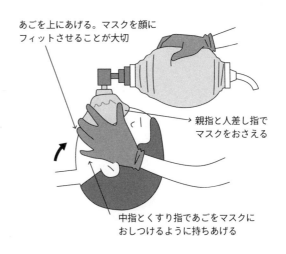

あごを上にあげる。マスクを顔にフィットさせることが大切

親指と人差し指でマスクをおさえる

中指とくすり指であごをマスクにおしつけるように持ちあげる

図2）アンビューバッグの使い方

ダーは必要だが、カメラやビデオ、ボイスレコーダーはスマホがあれば必要ない。

2）車内備品

　自動車のトランク等に配備しておきたいのは、①災害時に役立つ物品と②ちょっとした日曜大工用品である。

　①として、アルミシート、水、使い捨てカイロ、登山用のガスバーナー、ガス、コップ、メスティン（図3参照）、無洗米、缶詰、レトルト食品、カップラーメン、ごみ袋、長靴、軍手、ロープ、スコップ、携帯用トイレ、モバイル・バッテリーなどは備えておきたい。コーヒーのミル、ドリッパー、フィルター、豆などがあると、緊張を強いられる状況下でもひと時の癒し時間をもつことが可能となろう。なお、エアークッションと寝袋があれば、車中泊が強いられる状況でも安心である。

　②として、メジャー、軍手、麦わら帽子、工具セット、充電式インパクトドライバー、各種アタッチメントは最低限、必要である。できれば、手すり各種とイレクターを用意しておけば、簡単な住宅の改修を速やかに行い、住民の役に立つことができる。

　なお、徒歩、自転車の場合は、取捨選択して、リュックサックに入れて背負ってお

①メスティンに無洗米を1合入れ
　水を200mlほど入れる（リベットあたりまで）

※30分ほど浸水し
　米に水を吸わせる

②ふたをして火にかける

※ふたが浮いてくるので
レトルトカレーをのせ
ておく

ゴトク
バーナー
スタビライザー　ガスボンベ

③途中でまぜる
　ごはんのこげるにおいがしたら
　火を止め、ひっくりかえして10分ほどむらす

10min

④むらしが終わったら完成
　カレーをかけて食べよう

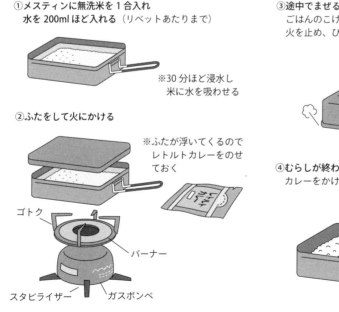
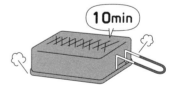

図3）メスティンを使ってごはんを炊く方法

くのがよい。リュックサックは腰のパッドがしっかりしたものを選び、腰で背負うようにしよう。

③ いざ、出陣。住民との交流

1）昼間

　地域を回りながら、作業に困っている人がいたら、手を差し伸べよう。ごみ捨てでも野良仕事でもいい。蛍光灯の取り換えや網戸の張替えなどに呼ばれるようになれば、信用されていると解釈していい。何かを手伝ったり、アドバイスしたりする際には、姿勢を低くして、やらせていただけないかという態度をとらなければならない。けして、上から目線でやってあげているなどと受け取られてはいけない。人に何かを頼むということは、多少なりとも気がとがめることであるので、我々はそういった心理的な負担を取り除くよう接する必要がある。

　地域の会合や祭りに呼ばれたら、積極的に参加しよう。その際、図書館などで、その地域の歴史を十分に頭に入れておくと交流に役に立つ。さらに、「あそこの土手は昔からよく決壊したもんだから、幼い少女の人柱がたくさん埋まっとるんよ」などという情報を手に入れたら、蒸し暑い夏もすこし涼しく過ごせるというものである。

2）夜間

　地域にスナックがあれば、まずはそこに行くべきである。スナックは、地域コミュニティが崩壊していない証拠である。そこは、日本固有の社交的空間が広がり、地域の情報のるつぼと化している。新聞記者やスパイが、その地域のことを知るためにまず行くのがスナックというのもうなずける。

　次の市長の有力候補が誰で何をしているかを知ることができ、運が良ければ、その人物とお近づきになれるかもしれない。どこの誰がどういうことで困っているかが知れ、地域の真の課題に気がつくヒントが得られるかもしれない。そこで自分がかかりつけ作業療法士であることを印象づけることができれば、昼間の3倍の速さで周知されること請け合いである。なお、上記のような目的で（スナックでなく）バーに行くことは推奨していない。孤独な夜に、スコッチウイスキーをすすりながら思い出に浸るのが、バーでの正しい過ごし方とされるからである。

❹ 犬も歩けば棒にあたる

　こうして活動していると、地域のさまざまなところから声がかかるようになるかもしれない。私にとっては、その一つが「学童保育」である。出会いの詳細については割愛するが、連携の歩みは、43ページ以降を参照されたい。

※四字熟語に「嚆矢濫觴（こうしらんしょう）」があります。嚆矢とは、戦の始まりに敵の陣営に向かって鏑矢という音の鳴る矢を放ったことが語源となっています。濫觴は、大きな川であっても、その始まりは、小さな觴（さかずき）から、およそ水があふれるほどの少量の流れであるとの意味です。これらが合わさって、「物事のはじまり」の強調表現となります。迷ってないで何かを始めてみようじゃないかという意味でタイトルにつけました。

〔参考文献〕
Hoichoi Production Inc.: The official mie hand book. Shogakukan Publishing Co., Ltd, 1983.

Part 1
地域で作業療法士に出会う。知れば知るほどおもしろい

　病院に勤める作業療法士から見ると、地域は、魑魅魍魎が百鬼夜行する異世界に見えるかもしれません。そこの住民（おばちゃんが多い）は往々にしてパワフルに動き回り、巻き込み力も強大です。油断していると引き込まれます。一度引き込まれると、抜け出すことは難しくなります。

　抜け出せなくなるプロセスは、①部活動の勧誘のように最初はやたらと親切にされる、②住民の熱量がいつのまにか伝染する、③面白みがわかって続けたくなるという具合です。この章に出てくるような人々と絡み、私たちは日々成長させていただいています。

小林隆司

　「学童保育×作業療法士」の取り組みは、2016年岡山県でスタートした。「アメリカの学校には作業療法士がいる！」ならば、「日々の保育に奮闘している学童保育現場に来てもらおう！」学童保育関係者は作業療法士なんて知らないし、作業療法士も学校は視野に入っていても、学童保育は想定外。今よりもっと「子どもの分野の作業療法士」は少なくて、「希少」。誰も知らないけど、きっとうまくいく。まずは、やって見せないと！と協働事業や助成金を得ながら、チャレンジを始めた。全国を駆け回り、SNSでつながって、瞬く間に全国に広がった。新型コロナウイルス禍も乗り越え、根づいていった。

　このスピード感と力強さは何だったのか。入り口は「学童保育」だが、そこからつながる居場所、子ども食堂、訪問支援……。学童期だけではなく乳幼児や中高生までも。「子どもたちのために」と地域で活動するたくさんの人々だ。

　Part1では、作業療法士との出会いや活動を、糸山の解説とともに紹介する。

（岡山県学童保育連絡協議会会長　糸山智栄）

乳幼児支援に作業療法は必須

「かごしま森のようちえん」
―日本初の作業療法士（OT）常駐の森の療育―

鹿児島県
鹿児島市

NPO法人かごしま子どもと自然研究所

市川 雪絵

　2018年7月、岐阜県のNPO法人はびりす（理事長・山口清明OT）の見学会を計画した。ちょうど西日本豪雨災害をもたらした大雨の日となり、見学会は中止。だが、鹿児島県霧島市から参加の山口ひとみ市議は鹿児島空港からすでに離陸、私は出張で仙台にいた。名古屋で落ち合い、小康状態だった三重県の学童保育を見学し、その後、10時間近くかけて岡山に戻るという経験をした。あきらめきれない。ならば、山口OTを霧島市に呼ぶ。地元の助産師や作業療法士などの専門職とともにその年の11月に1泊2日の研修を実施、そこに参加したのが、鹿児島市で森のようちえんをやっている市川さん。「うちのようちえんにも来てほしい」のひとことで始まった。

● はじめに　～森のようちえんとは～

　【森のようちえん】は、1950年代にデンマークの一人の母親が始めたとされる、自然の中での子育てや幼児教育の総称です。近年、日本においても、自然体験をはじめとする体験活動の欠如やその重要性が指摘されるようになり、身近な自然を利用して、さまざまなスタイルの森のようちえんが1990年代後半から全国に誕生しています。その数200とも250ともいわれています。私たち【かごしま森のようちえん】も、2007年、鹿児島市中心部から車で10分ほどの市街地に奇跡的に残る森林フィールドを拠点に、自然体験を基軸にした感性教育、環境教育をコンセプトに産声をあげました。

　さて、日本における森のようちえんは、その目的やゴールに類似の共通点はあるものの、統一された規定や国で策定された指導要領や指針に則って活動しているとは限りません。いい意味で自由度が高く、運営者の思いや参加者、地域のニーズに応じ、コンセプトやカリキュラムが柔軟に組まれています。例えば、【森】とは、森林だけでなく、海や川、里山、都市公園など自然フィールド全般を指し、園舎の有無にこだわりません。一般的には、0歳から概ね6歳ぐらいの乳児・幼少が対象ですが、当園には60名が所属する小中学生クラスもあり、高校・大学生になった卒園児もボランティアリーダーとして活躍しています。運営主体は、認可園、自主保育、育児サロン、認可外保育施設、NPO法人、自然学校、社会教育施設とさまざま。指導者も、幼稚園教諭、保育士、学童保育や野外活動の指導者、自然の中での幼児教育や保育を望む親など、多様です。

　【かごしま森のようちえん】には、幼児クラス、ジュニアクラス、親子クラスなどがあり、年間250日のべ3,500人が訪れます。特に3~6歳児を対象とした幼児クラスは、シンボル的な存在で、「すべての子どもたちに、センス・オブ・ワンダー（不思議に思う心）を！」合言葉に、雨でも冬でも毎日森へでかけ、年間220日程度を園舎のない森の中で過ごします。子どもたちはその日に自分たちで決めた目的地まで、時には藪を払ったり、クモの巣をくぐったりしながら、毎日12,000歩ほど森を縦横無尽に動き回ります。公園とは違い、森は倒木や崖やでこぼこ道が続き、四季折々の自然の変化を全身で体験することになります。寒ければたき火を起こし、時には野イチゴやタケノコ、アケビやキノコを採集してお腹を満たしたりしながら、大好きな遊びをとことん満喫する日々を送っています。

OTとの出逢い
〜日本初OT常駐の森のようちえん誕生〜

　今思えば、2007年の開園当初から、子育てに悩んでいるお母さんや、困り感を抱えている子どもたちが各クラスに1〜2割はいたように思います。泥んこになることを極端に嫌う、少しでも雨に濡れると着替えたがる、指示がなかなか通らない、すぐに疲れる、歩き方が危なっかしい、根っこや倒木に足を取られる、枝にぶら下がっていられない、唐揚げしか食べない、お友だちをドンと押す…そんな中、ある研修で一人目のOTと出逢います。休憩時間、森の子どもたちの様子や対応の困り感を吐露すると、表出行動の理由やその対処法について、思ってもみなかった見立てやアドバイスをその場で即答してくれるではありませんか。このスペシャリストは今後、森の現場では絶対に必要になってくると直感し、その場でラブコール。半年後には、そのOTとともに日本で初めて、森のようちえんの中にOT常駐の療育事業を始業する運びとなりました。2016年12月、各クラスに溶け込む形（インクルーシブ）で、森の療育（ふきのとうクラス）が誕生した瞬間です。

　もともと森育ちの子どもたちは、一人では過ごせない森にあって、仲間と自然に手を取り合い、助け合うことが日常です。隣にいる友だちがADHDや自閉症などと知る余地もありませんし、手つかずの自然を目の前にそんなことは大きな問題ではありません。とはいえ、これまで以上に多少強烈で個性的なキャラクターの持ち主と過ごす機会が増えることとなり、子どももスタッフも試行錯誤の連続でした。しかし、そんな場面こそOTの存在は大きなものでした。OTによる声かけや対応のコツは、スタッフの気持ちを軽くし、子ども同士の関わりをスムーズにしたり、相互理解を深める潤滑油の役割を果たしました。『だるまさんがころんだ』や『はないちもんめ』等、わらべ歌遊びの潜在的な教育効果を目の当たりにしたのも、インクルーシブという概念が感覚的に腑に落ちたのも、このOTとの出逢いによってもたらされたものです。

　2017年には、1年間の実績をまとめ、長野で行われた感覚統合学会で事例発表もかないました。当時、療育を屋外で、それも手つかずの森で、という事例はなく、私たちの取り組みは大変注目されました。専門家からは「本来療育として目指すべき姿」との高い評価をいただき、1年目にして大きな手ごたえを感じることができました。

OTとの化学反応 ～【長靴】から地下足袋へ～

　直感だけで始めた、森の療育。「自然体験」に「療育」という新たな柱が加わることになり、大きな意識の変化を求められたのは、子ども以上に、実はスタッフや保護者といった大人の方でした。始業当時から、保護者向け説明会や研修の機会を積極的に設けてきましたが、子どもたちと直接接する機会の乏しい保護者にしてみれば、中々理解が進まず実感がもてないのも実情でした。実際、けが人が出た時に「療育の子どもを預かり始めて、手が回らなくなっているのではないか」とのご指摘をいただいたこともありました。根本的な意識改革や正しい理解、保護者とのコンセンサス…そのためにも私たち自身が、この選択は間違っていないという自信をもつことが必要でした。

　そんなことで悶々としていた2019年3月のこと。2018年11月、霧島での研修会で講師でいらしたNPO法人はびりすの山口清明OTら10名の視察団を森にお迎えすることになったのですが、せっかくだからと、急遽みなさんにチームコンサルテーションしていただけることになったのです。何しろ、当時は【コンサル】という意味も意義も十分理解していませんでしたので、当日の予定変更で、現場調整に大慌てしたのを覚えています。しかし、それは、私たちのような経験の浅い団体にとっては、願ってもない好機でした。

　コンサルにあたっては、子ども一人ひとりのプロファイルや生育歴、現在の様子や特性といった基本情報の提供に加え、その子の強み、その子がありたいと思う姿やこうなったらいいなという将来像、そのプロセスについての言語化を求められました。それは、個々の生まれもったその子らしさ（ギフテッド）や、その子が主役の人生を周囲の大人がどうあたたかく見守り、共感し、寄り添っていくかということの共有でした。成長や発達を見届けていく際に、ぼんやりしていることや、曖昧にしていることを明確にすることの大切さ、目標やゴールを常に確認する作業がいかに重要かを学ぶ機会でもありました。

　保護者を交えたフォロー研修では、山口OTによる講演会を設定し、楽しい遊びの時間が命を輝かせること、遊びに没頭してこそ生きる力が育めること、そのことが真の幸福への道しるべであり、森のようちえんの子育ては間違いないことを惜しみなく後押ししていただきました。また、昭和の愛すべきキャラクターであった【あばれはっちゃく】が、時代が変わっただけで問題児扱いされるという診断や解釈の怖さ。【ジャイアン】や【スネ夫】や【のび太】のように、世の中いろんな子がいて、いろんな生

き方があっていいという、当たり前だけど忘れがちなこと。そのことが多様さや社会の豊かさであることを強調された内容に、その場にいた全員が頭をガツンとやられた思いでした。私たちや保護者が「解決や改善をしなければ！」と躍起になっていた『障害』や『課題』とは、そもそも何だったのか、これまでの思考や常識が崩壊しました。

　中でも画期的な変化の一つが、子どもたちの【地下足袋】化です。森のようちえん業界では常識と思われていた「長靴」が、発達にはマイナスの側面があるという、OTならではの根拠ある指摘を先述のコンサルでいただきました。以降、全員が地下足袋や五本指ソックスを所有し、保護者はもとより子どもたち本人が自覚するほど、発育や発達が劇的に変化することとなります。靴下によって束ねられていた親指が解放され、長靴の中ですべっていた5本指がそれぞれ踏ん張れるようになることで、体幹が整い、木登りや倒木の平均台渡り、40度の斜面登りや俊敏性、バランス感覚、レジリエンス、ロープワークやナイフの使い方の巧緻性まで、その効果が顕著に現れてきました。地下足袋の実践については、今でも全国から問い合わせをいただきます。発達の専門家であるOTと、自然体験を専門とする森のようちえんの間におきた化学反応の賜物です。山口OTたちとの時間によって「このまま前へ進んでいけばよい」という確信をもつことができただけでなく、私たちが進むべき方向を示す羅針盤を授かったような気がしました。

3　OTとの協働　〜「森の療育」の体系化〜

　多様な子どもたちがごちゃまぜの集団で、毎日森に出かける森のようちえんの教育活動は、その後も順調に続いていました。子どもたちは、外気や日差しや雨に全身をさらしながら、登る、くぐる、渡る、ぶら下がるなどの基本動作を通じて、また12,000歩という距離を5本指で歩きながら、視覚、触覚、聴覚、嗅覚、味覚、固有受容覚、前庭覚などさまざまな感覚刺激を受けて、日々過ごしています。無から有を作り出すような、クリエイティブでとことん熱中できる、ゆったり流れる仲間との遊び時間は、緩やかに、しかし確実に子どもたちの発達を促し、その子の原石に磨きをかけながら、情緒や社会性を育みます。「森だからこそ育つ力」は、当初これほどとは想像もしていないことでした。そんな【森】という育ちの場のポテンシャルを改めて実感していた頃、「森のようちえんの教育活動を、科学的・理論的に整理し体系化を

してはどうか」と声をかけてくださったのが、次にご紹介する三人目のOTです。一人目のOTとの出逢いから3年が経過した2019年のことです。

　このOTは、脳科学をベースに子どもの発達メソッドや指導方法を独自に考案されている方で、森特有の要素や森遊びの特性、必要とされる動作や身につく動きを、脳科学の観点から紐解いてくださいました。そして、1年かけて体系化作業に伴走いただき、私たちは、森における教育活動の意義や成果を、さまざまな業界へと発信することができるようになりました。何より、スタッフが自信をもって保護者へ論理的に説明できるようになり、相互理解を深めることにもつながりました。

 ## 4　新たなステージへ

　私たちは、3年間という短い間に3人のOTと出逢い、専門家ならではの視座や多くの対応スキルを習得することができました。またOTとの関わりや学びの中で、療育の本質や目的、自分たちが現場において大切にしたいことを再認識することができました。その結果、2021年12月で療育事業を一旦廃業し、2022年4月よりインクルーシブを軸とした認可外保育施設として新たなスタートを切ることといたしました。

　その後も変わらず、森のようちえんには療育目的の子どもたちも通ってきています。現場ではこれまでの経験を活かし、全園児に対して療育事業と同等の個別支援計画を作成し、定期モニタリングをふまえ、個々のギフテッドや将来の姿を意識した保育計画を立てています。今日も森には、一人ひとり味のあるそれぞれの人生の主人公として豊かな時間を過ごしているキラキラした子どもたちの姿と、それを見守り支えていこうとするあたたかい大人たちの眼差しと笑顔があふれています。

　昨今、徐々に屋外の活動を取り入れた療育事業所も増えてきており、OTが関係する森のようちえんも誕生していると聞きます。多様なニーズをもつ子どもたちを預かる現場としては、大変心強いことです。これからますます、子どもたちの育つ環境は厳しいものになっていくでしょう。その度に、悩みを抱える保護者も増え続けていくことと思います。今後も志を同じくする方々と連携し、OTに適宜ご助言をいただきながら、子どもたちが楽しく、幸せで、安心して挑戦できる、そんな育ちの場を、私たちも微力ながら追求し進化し続けていきたいと思います。

乳幼児支援に作業療法は必須

幼稚園に作業療法士に
来てもらおう！
─保護者の立場から─

 東京都 江東区　　神明幼稚園　保護者 OB

後藤 公美子

　さて、都会ではどうだろう。

　2018年1月、日本弁護士連合会主催。「子どもの貧困と学童保育～学童保育が子どもの居場所であるために～」。

　名古屋市の学童保育保護者OBである鈴木愛子弁護士（当時、現役保護者）の尽力により、実現したシンポジウムに「作業療法士連携」で登壇させてもらった。そこには、東京近辺の議員さんも多数出席され、「学童保育×作業療法士連携」にも関心をもってくださった。

　その中の一人が葛飾区議の大森有希子さん。子育て支援の活動をされていて、早速、作業療法士を講師にした講座をいくつか開催してくれた。そこで、出会った保護者の後藤公美子さん。子どもを通わせていた幼稚園で作業療法士コンサルできないかな。幼稚園教諭とともに東京大学の食堂で作戦会議。「新型コロナウイルス」のニュースが流れ始めた2020年2月だった。それでも歩みを進めた恐るべし、保護者パワー。

1 専門職としてキャリアを積みたい、でも、子どもも愛おしい

　福祉系の大学で学び、社会福祉士・精神保健福祉士として、主に障害領域で長年勤めています。わが家は共働きで、夫も公務員、夫婦ともに人の生活に欠くことができない職種です。

　本業にやりがいをもってこれからというタイミングで、長女を授かりました。結婚を機に転居し、職場と家との往復の日々でしたので、突然の産休は、一気に社会から取り残された孤独感、初産に向けての不安、いのちを授かった強い喜び、何とも表現し難い心境でした。0〜2歳時期の発達は目まぐるしく、常に新しい変化に応じていくだけで大変でした。

　長女が産まれた頃は、保育園待機児童が大きな社会課題でした。長女は待機児童となり、復職できる見通しが立たず、退職をしました。長女は幼稚園に入園し、その後、次女を授かりました。非常勤で復職し、次女は子育てサポート一時保育、保育室、認証保育園を転々とし、2歳児でやっと認可保育園へ入園しました。長女は幼稚園（文部科学省）、次女は保育園（厚生労働省）と、管轄が違う施設に2人を預けながら、就労条件を満たすように働くのは大変でした。幼稚園の春夏冬の長期休みは、長女は子育てサポート一時保育を利用して、仕事を継続しました。また、幼稚園は14時半お迎えなので、就労できても短時間です。就労条件を確保しなければ、長女が小学校入学時に学童保育も待機児童になる危機感がありました。

2 地域の方々あっての、就労・子育てと、子どもの育ち　　――幼稚園、保育園、子育て支援サービス

　2019年、長女が幼稚園年長の時、保護者代表（役員）を担いました。1学年2クラスあり、各クラスから1名代表を選出して、2名体制で学年代表として役員活動を行います。この年度は、新型コロナウイルス感染症拡大で、全国一斉休校が行われた学年でした。

　学年代表は、幼稚園や保護者と話す機会が多くありました。保護者のさまざまな価

値観をうかがう一方で、幼稚園としても、さまざまな事情や担いがある中、最善の保育をしたいという想いもうかがいました。また、園の行事を通して、地域の方々と話す機会もありました。地域の方々は、幼稚園のみならず、就学後の育ちにも関わりながら、地域の子どもたちの育ちを縦断的に見守ってくださっていることを知りました。私にとって、役員活動の経験は、大事な気づきと感謝をいただくものでした。

　また、2019年は、介護支援専門員更新研修の年でもありました。家事・育児・仕事・役員活動・研修と多忙を極めストレスも相まって、ラムゼイハント症候群を発症しました。強い神経麻痺と酷い目まいの症状があり、8日間の入院・3か月間のリハビリテーションを受け、幸い微弱な後遺症を残すのみで完治しました。入院期間中は、幼稚園の長女だけ、どうしても預け先がままならず、実家に預けました。高齢の両親が元気な長女を見るのは大変で、実家先のファミリーサポートを利用しました。

　退院後も、ファミリーサポートで幼稚園のお迎えをお願いしました。次女の保育園からは、「お姉さんも、今からでも保育園に預けませんか？」とあたたかいお言葉をいただく時もありました。長女は、幼稚園が大好きで、お友だちにも恵まれ、通園していましたので、残り数か月、このまま卒園させてあげたいと思い、転園は考えませんでした。

　この管轄が違う施設に2人を同時期に預け、仕事と育児を両立した1年間は、大きな学びです。支援や制度を利用しようとしても管轄の縦割りで、横断的に利用しづらく、支援や制度の狭間を垣間見ました。保育園・幼稚園・学童保育も子どもが育つ場として共通していながら、この3つを総じて話せる方が少なく、同じことをうかがうのに、各担当課に確認する必要がありました。

　また、未就学児と就学児が同時に利用できる制度が少ないことも知りました。制度上は難しくても、市民活動や地域で担い合うことができれば、理想なのかもしれません。理想や願いを言うのはカンタンです。うまくいかずとも、何もしないよりかは、よいのではないか、さまざまな方に関心をもっていただきたい、私自身が子育て支援活動を続けていこうと思いました。

 働きながらの「子育て支援活動」と専門職としての想い

　私が長女を授かり感じた、社会から一気に取り残された孤独感、初産や産後、育児

に対する不安や心苦しさから、長女を連れて地域へ出かけるようになりました。その中で、多くの仲間に出会いました。現在は、乳幼児に関わる活動と「対話」に関する活動をしています。あるがままいることが保障され、安心して話せる場、聴いてもらえる場、考えられる場、そしてつながれる場が、日常生活にたくさんあるといいなと感じています。また、年齢や性別、立場を越えて、日常の暮らしの中でお互いに関心を持ちあえる接点となればと、主宰する活動においては、参加対象者に制限（条件）を設けていません。

　本業では、障害領域に勤めています。「障がい」というと、まるで特別のことのように思えますが、生命そのものに向き合うことにおいては、子育てにおいても共通しています。意思疎通できずとも、あたたかみある人として向き合うこと、さまざまなかたちで最期に向き合うこと。すべての方の背景には、絡み合う社会背景や時代があり、ご家族との関係もさまざまであり、偏見や差別、いじめ、貧困、虐待、その方からうかがうリアルな声は、とても心に響くものがあります。第三者として、その方の人生の傍に寄せていただき、共に考えていくことは、それだけの真摯さと、時として代弁をする力、多くの方に関心をもっていただけるよう行動に移す力をもちあわすことが大切だと考えます。

　学生時代や本業を通して出会ってきた方々からの学びは、私の中で切り離して考えられるものではありません。子育てをする中においても、保護者であると同時に、社会福祉士・精神保健福祉士としての想いが常にあり、子育て支援活動に携わる原動力になっています。

❹ 作業療法士のことを早くから知っていた

　私が、初めて作業療法に出会ったのは、大学生の時です。大学教授から「共に生きる社会」という建学の精神についてうかがう機会があり、将来的に共に働く可能性がある学部が多い医療・福祉系の総合大学を選びました。ボランティアサークルに所属し、主に障がいのある子どもたちや成人の方と、余暇を過ごす活動をしました。どんな遊びやレクリエーションをするのか、作業療法・理学療法・言語聴覚・看護などの他学部生と毎回企画をするのですが、一つひとつの遊びを考えていく中で、子どもたちや成人の方を思い浮かべながら、個別性に応じた身体の動かし方、遊びの作業工程

に意味づけや工夫をしていき、安全管理も含め練っていきます。

　最終的には、個別に練ったプランを相互関係も考えながら6〜8名程度の小グループを5〜7グループつくっていきます。各グループに、サークルメンバーが分かれ、当日は、集団の大きさを変えながら、全員で遊びを楽しむのです。終了後は、施設としての希望、親御さんの想いをうかがい、次回の企画につなげていきます。この企画会議は、立案・実行・まとめまで1か月間ほど期間を要します。その間、サークルメンバーと、時には夕ご飯を共にしながら、企画を練りながら過ごしました。この経験は、医療と福祉はチームであり、多職種連携とは、専門職のみならず地域の方と共に動いてこそ連携になるのだと考えるようになりました。

⑤ 私がリハビリテーションを受け、日常生活を体験した経験から

　前述しました、2019年に発症したラムゼイハント症候群は、酷い目まいと神経麻痺で、走れず、自転車も乗れず、話す・食べることさえ不便を感じる状況でした。まったく乗れなかった自転車が、徐々に乗れるようになり、最終的に子どもを後ろに乗せて走れた時は、感動しました。回復途中は、不便さがゆえに人の力を借りる、公共交通機関を使うなど、人と接する機会が多かったことも、よい刺激となったと思います。まさに、日常の生活動作すべてがリハビリテーションとなり、固有感覚や前庭感覚も含めた感覚統合によって神経回路が新しくできていく体験そのものでした。

　この経験から、子どもにとってのあそび（日常生活）も、感覚統合にあふれており、人との触れ合いを介在しながら心身が健やかに発達していくことを支えていることに気がつき、あそびの重要性について改めて、深く関心を抱きました。

　年長時は、新1年生の学童保育が待機児童になるかもしれない危機感がありましたので、学童保育の現状について知りたいと思っていました。ちょうど、子育て支援活動の仲間からの紹介で、「学童保育×作業療法士」という全国的な活動に出会いました。作業療法士は「人」「環境」「作業」という視点からその人らしい健康と望む生活に焦点をあて、ともに考えてくれる存在だと思います。

　保護者代表としてできることは、あくまでも保護者という立場です。保育に関わることも、各ご家庭の養育に踏み込むことも、限界があります。子育てに悩んでいる親

御さんの想い、幼稚園の想い、喜怒哀楽を表現する子どもたちを見聞きするにつれて、第三者として入る作業療法士によるコンサルテーションが導入されたら、大人たちの想いが紐解かれながら、子どもたちの生活や育ちに何かよい循環が生まれるのではないかと考えるようになりました。

　まずは、幼稚園の先生にお話ししてみることにしました。

6 「あそびこむ」をテーマに掲げている神明幼稚園

園長「子どもたち全員が『私の人生は価値があって美しい』と言えるよう願って」

※「あそびこむ」という理念（テーマ）にこもっている園長の想いです

　長女が３年間お世話になった神明幼稚園は、深川神明宮の境内にある「神社の幼稚園」です。「あそびこむ」をテーマに掲げ、ホームページには「幼児期の子どもたちは、夢中になって遊ぶことを通じてたくさんのことを経験し、心も身体も健やかに育ちます。神明幼稚園は、子どもたちに『充実した遊び』を保障することを、いちばん大事にしています」と紹介があります。冒頭で園長の言葉をお借りしました。

　天真爛漫な長女は、よく馴染み、毎日どろんこで遊びました。

　就学後は、学習指導要領の枠組みの中で、大きな集団生活となり、生活の大半を学校で過ごすことになります。幼稚園の時期に「あそびこむ」ことは、貴重な期間です。「あそびこむ」には、わが子ひとりで完結するものではなく、いろいろなお友だちがいてくれてこそ、豊かな経験につながります。だとすれば、わが子さえよければではなく、どの子も健やかに育ってほしい、子どもに関わるどんな大人にとっても、子どもに向き合える気力を失わず、多角的な視点を見出せるきっかけとなればと思いました。子どもの育ちを想う気持ちは共通しています。作業療法士がコンサルテーションに入ることによって、前向きかつ具体的な方向性を共有できたらと思いました。きっと、子どもも、保護者も、幼稚園にとっても、全体としてプラスになるのではないかと考えました。

　早速、幼稚園の主任教諭に、作業療法士によるコンサルテーションについてお伝えしてみましたところ、作業療法をよくご存知でおられました。過去に作業療法士とつながりをもとうと試みられていたとうかがい、それなら！と、子育て支援活動の仲間

が主催した講座でご縁をいただいた東京都立大学作業療法士学科の伊藤祐子教授が、大学での一般公開講座にご登壇されると知り、お誘いしました。講座で、主任教諭と伊藤祐子教授をおつなぎしたことをきっかけに、幼稚園内で作業療法に関する職員研修、その後試験的に小林隆司先生によるコンサルテーションを実施し、保護者向けに「子育てにおける作業療法」講座を開催するに至りました。この間は、幼稚園の先生方にも、作業療法とは何か？が伝わっていき、再度、コンサルテーションをお願いしようとしたタイミングでしたが、コロナウイルス感染症による全国一斉休校によってキャンセルとなってしまいました。

　2022年5月、幼稚園にうかがいました。2021年度、小林隆司先生から八重樫貴之先生へとご縁がつながり、コンサルテーションを再開されていました。コンサルテーションは、主に担任が関わっておられました。子どもを捉える評価、保育者の関わりの評価、保育環境の評価といった、根拠ある具体的な視点と言語化は、保育の立場では気づかない対応方法であり、職員のスキルアップにつながっているとうかがいました。一歩引いた立ち位置からの八重樫先生の見立ては、「保育者としての見立てで大丈夫だ」と確認することができ、力をいただけるとも話しておられました。また、主任教諭は、この好循環が、当園に限らず他の保育園や幼稚園に広がっていけば、地域全体の保育の質が高まり、専門機関への一極集中が緩和するのではないかと可能性にも触れておられました。

　2023年1月、再度、現状をおうかがいすると、2022年度は、職員全員が継続的にカンファレンスに参加するように整えておられました。職員全員で参加することで、カンファレンス以外の日々においても、カンファレンスで確認したことや気づきを話し合い、意識をもって日々の保育に向き合っておられるお話をうかがいました。

　さいごに、カンファレンスを継続してきた中で、よかったこと、多くの方に伝えたいことをうかがいました。主任教諭より、以下のように話してくださりました。

　「療育につながっている子もいますが、子ども同士が、どうしたらこの子とコミュニケーションがとれるのか、子どもながらに試行錯誤している場面があります。これは、いろいろな人がいる社会の中で、自分さえよければではなく、どうしたらお互いが関わり合い、共に過ごしていけるか、とても大切な体験の機会になっています。この場面場面で発揮しているその子の力やよさを、各家庭にお伝えしています。幼児期にしかできない体験をたくさんしながら、その子の力を最大限引き出し、小学校へとつなげていきたいのです」

　「作業療法の視点は、療育を必要とする子のためだけではなく、健常に発達してい

る子の場面でも応用できます。保育者が感覚統合などを学んでいく必要性も感じています。いずれは、保育者一人ひとりが、保育の視点、作業療法の視点、いろんな視点をもち、在園するすべての子どもたちにコンサルテーションの学びを返していきながら、各家庭にも伝えていけるようになれたらよいなと思っています」

　主任教諭のお話は、いろいろなお友だちの存在が、親では気づかないわが子の力やよさを引き出してくれるのだと思いました。子どもを知る多角的な視点は、子育てにおいても参考になります。

⑦　「ごちゃまぜ」の中にある保護者
── 希望をもてる出逢いに巡り合えるように

　保護者も一人の人であり、親・妻（夫）・職場・住民・そして自分と、すでに「ごちゃまぜ」な役割を担っています。そして、「ごちゃまぜ」な役割は、場所や年齢を越えた豊かな付き合いの中にあります。

　子育ては、一人ひとり背景や事情が異なる中、その中でも精一杯、試行錯誤しながら、保護者も子どもも、「自分らしく生き抜こう」とする営みだと思います。子育ては24時間、365日、年齢の区切りはなく、らせん階段のようにつながりがあるものです。ある一場面を切り出して、子育ての良し悪しは論じられません。

　また、近年は、子育てと仕事、そして介護も両立しなければならない方が増えました。介護を担う保護者は、娘（息子）という役割を、「ごちゃまぜ」の中に更に担います。保護者ひとりで、すべての役割を担えるでしょうか？きっと、どの方も精一杯のできることをされているはずです。一人で抱え込まず、あらゆる制度やサービスを利用もされるでしょう。制度やサービスでお世話になるさまざまな職種の方々も、各々ご家族がおられます。その方も、学童保育にお子様を預けて働いておられるかもしれません。また、学童保育に子どもを預けられたらそれでよいのでしょうか？子どもにとっては、"いっときの居場所"ではなく、らせん階段のようにつながりある生活そのものです。学童保育は、社会の縮図です。

　作業療法士連携（コンサルテーション）が、さまざまな日常生活場面にあれば、あるがままの子どもの姿を多角的に捉え、保護者や子どもに関わる職種の方が、共に新たな視点をもって具体的な試行ができるかもしれません。子どもにとっても、表現方

法の引き出しや選択肢が増えるかもしれません。地域全体としてみれば、専門機関に予約が殺到している現状も軽減できるかもしれません。コンサルテーションは、「あきらめなくてもいいんだ」と体感できるチャンスが広がる、ひとつの切り口だと思います。

⑧ 切り口は、いろいろとあるほうがいい。 なら、「ごちゃまぜ」がいい。

2023年、いろんなご縁で江東区の学童保育連絡協議会（以下、区連協）の会長を世代交代として引き継がせていただきました。本業も、孤独から始まった子育ても、子育て支援活動や対話の活動も、私の中で糧となっています。地域内外問わず、学童保育に限らず、さまざまな方とのつながりのおかげで地元のラジオ局に出演、区連協の紹介をさせていただきました。

現役保護者は、子育て、介護、働くことに直面し、進行形です。また、現役保護者は、上下世代の中間層に立っています。一見、社会経済の真ん中に立ち、当事者のようですが、高齢者も子どもも、社会経済に関わる当事者です。立場が変われば、物事の見え方は変わります。お互いの立場で、お互いの日常生活を知り合う機会を、もう少しつくれたらな、と考えていました。

また、支援制度やサービスが整っていく中で、利用することが増え、共育ち・継承する機会が少なくなったように感じていました。どうしたら、日常生活場面で、お互いの立場でお互いを知り合い、共育ち、継承の場面をつくれるのか？　そして、支援機関や団体、専門職と交える機会をつくれるのかを考えていました。そこで、「ごちゃまぜ」な区連協交流会を企画しました。支援機関や子育て団体に、主旨をお伝えしますと、快くご協力をいただきました。

当日は、赤ちゃん親子、小学生、学生、子育てをおえた世代の方、そして、さまざまな職種の方、初めて学童保育に関心をもった方まで集まりました。誰もが地域で生活する当事者として、人生はらせん階段として、「子どもが育つこと、子どもを育むこと、働く（支え合う）こと」を考え、話せたことは、新しい関係性や活動の展開につながりました。学童保育は社会の縮図です。地域連携は、切り口がいろいろとあるのがよく、「ごちゃまぜ」も一つの切り口だと思います。

Chapter 1

乳幼児支援に作業療法は必須

あたりまえに多職種連携
長い人生を見通して 0〜3歳に予防的支援を

岡山県
倉敷市

一般社団法人チカク 代表理事

赤木 美子

　倉敷のど真ん中で「無謀」とも思われる起業の戦略と展開。保護者じゃなく、そして母子保健の専門家でもなかったから、地域の大人のひとりとして気づいたことがあったのだろう。なりゆきで始まった子育て支援が、多職種の専門職連携を「あたりまえ」にしていく。その感覚はタフだ。

1　駅のチカクのまちなかの森から、あなたのチカクへ ── 第三セクターの清算。無謀と言われた起業

　2008年12月31日に閉園した倉敷駅前の都市型テーマパーク、倉敷チボリ公園。私たち一般社団法人チカクは、その運営会社だった第三セクター、チボリ・ジャパン株式会社の女性スタッフが中心になって閉園直前の12月26日に設立した、非営利型の法人です。

　公的資金を入れて不採算施設を造って、壊す。そんなありふれた物語にはしたくない。それなら、ガレキの中から立ち上がる物語を私たちが紡ごう。そもそも「チボリ」という名前をデンマークに返上したから県外から集客する「広域性」がなくなり、それに伴って公金を支出する「公益性」が失われた…という当時の首長の説明にも納得

できない。「役所の言う公益性ってのはマルかバツしかないんだな、おい」と、まあ、そのころの私は、やさぐれてコブシを握り締める毎日でした。

以下に引用した「宣言―Statement」は、2008年夏、倉敷チボリ公園の閉園が取りざたされている中で、社長室に「公益性が云々言われるんならNPOを立ち上げましょう」と突撃したときに作ったもので、その後、チカクの設立準備資料にもなりました。だれに頼まれたわけでもなく福祉でも医療でもなく、感傷はあっても自分を含めて目に見えて困っている人もいないのに、第三の居場所が必要なんだと握りコブシで立ち上がった私は、かなり「滑稽」な存在だったと思います。でも応援してくれる人はたくさんいて、それに応えようと思いました。

公金数百億が投じられた事業の後継に名乗りを上げるのはおこがましい。だけど、暇そうで人的ネットワークもあってそれなりの職歴もあるのは私しかいなかったので、覚悟を決めてチボリの命脈が途絶える前に、つまり閉園前に「宣言−Statement」を出すことにこだわりました。そして、いまでもここにチカクの軸足があります。

倉敷チボリ公園で行われていた公益活動の事業化
― 倉敷チボリ公園の閉園後、私たちにできること

チボリの11年間の活動を支えてきたのは公益性ゆえの行政からの「支援」です。では、「チボリの公益性」とは何を指すのでしょうか。

広域から多くの観光客を呼び込むことも公益性ですが、それだけではありません。まず、緑豊かな自然と四季を通じて咲き乱れる花による憩いの空間であり、本物の感動に出会う機会を県内・県外の子供たちに提供してきたことがあげられます。また皮肉なことではありますが「官でもなく民でもない」という立場は「行政と民間」の緩衝材となり、県内外のさまざまな立場の人が集い、新しいアイデアを開花させていく場として機能していたと言えます。

設立経緯から、身体に合わない重荷を背負って10年余りを歩んできた「チボリ・ジャパン株式会社」が清算の日を迎えるにあたり、まちづくりに活かすことのできる「倉敷チボリ公園の公益性」を継承する受け皿を作りたいと、今回、私たちの活動をスタートさせました。
（2008年12月　設立準備委員会資料より）

「広域性がないから公益性がない」と当時の偉い人がおっしゃったのが引っかかって書き出したのですが、それに加えて、「家庭」＋「職場・学校・地域」＋「三つ目の居場所」となりうるチボリの階層的なサービスのありよう、多様な人を受け入れ多様

な価値観にもまれて必然的に人が育っていく「インキュベーター」としてのありよう
の二つは、これからの時代に欠かせないもので、ハード的な維持が難しいとしても、
ソフト面で残せるものを受け継いでいきたいという思いがありました。

　いまにして思えば、この時からずっと、私が目指しているのは、地縁・血縁からほ
どよく離れた第3のコミュニティ・居場所の創造であり、みんなが互いに触発し合っ
て成長できる環境の創造なのだと思います。

② 発達の放物線は人生であり出発点と終着点がある

　さて、固定費としてかかる事務所の家賃と通信費ぐらいは回せる収入を確保して起
業して1年。自分の人件費は当面出ないものと考え、ライターとしての原稿料で小遣
い銭を稼ぎながら、助成金をいただきチカクらしいプロジェクトをすすめ、並行して
チボリの人気ミュージカルの復活公演を、支援してくださる方たちに助けられてお金
を集め、起業3年目に実現させました。

　でも、助成金や寄付金をベースに、ほとんどボランティアで参加してくれる仲間た
ちと一緒にプロジェクトを回していくのは、経費の負担感以上に心苦しく、起業の翌
年にはその枠組みから抜け出すために、県内の子育て支援団体から移転先を探してい
た、経済産業省のコミュニティノウハウ移転事業「プチぱれっと」の移転先として、
名乗りを上げていました。その結果、保育・子育てとはまったく縁のなかったチカク
は保育士数名を抱え、保育・子育て支援事業の最初のカギを手に入れたわけです。

　対象となるのは2〜3歳児。当時、私は家では80代の母と同居していましたが、プ
レ幼稚園である「プチぱれっと」の事業の中で、1年間のうちにさまざまな発達の段階
を獲得していく子どもたちの姿と、どんどん発達の階段を降りていくようにみえる母の
姿は、発達の放物線の出発点と終着点のように見え、年齢・年代によって輪切りにされ
ていく人の一生を、つながりのあるものとして認識し始めたのもこの頃でした。

　それにしても、力量のある保育士の「仕事」によって、子どもたちがおもしろいよ
うに成長していくのは見事なことでした。子どもに関わりたいという「思い」と発達
に関わる「知識」をもつ保育士が働きやすい環境を得るためにも、私自身が体系的な
知識を身体に通しておくべきだと考え、これは余談ですが、起業から10年目となる
58歳で保育士資格を取得しました。

プチぱれっとの事業と並行して、子育て支援のNPOとして先を走っている団体のリーダーにお会いしてお話を聞いたり、研修に参加したり、法人の動かし方を学んだり、役に立ちそうな情報を片っ端から取り込みながら、2012年には、国・県・市が経費を負担して全国に開設している、0〜3歳児と保護者のための居場所「地域子育て支援拠点」の受託業者として、公募に手をあげ、倉敷市内の18か所目の拠点として、公的な枠組みの一端を担うことになりました。起業して4年目のことです。

子育て支援の一端を担うようになってからのある年、プチぱれっとに入会を希望する子どもたちの2〜3割が落ち着きがなく、集団生活に馴染みにくさを感じさせるケースが散見されたことがありました。その後、相談機関が周辺に増えたり、保育の無償化がはじまるうちに、この状況は表面上は目立たなくなっていくのですが、単に課題が上書きされ問題が先送りされているだけではないかと感じるさまざまな出来事のなかで、私はこう考えていました。

その「課題」は、就園や就学のときまで何もなく、突然発現するものなのか。そしてそれは、ほんとうに「課題」と呼ばれるべきものなのか？

③ 0歳児の発達支援に特化、多職種連携を企む

そんな疑問と、自分たちの相談支援のスキルをあげるために、2018年度から3年間、独立行政法人福祉医療機構（WAM）の助成を受けて「0歳児の発達支援に特化した地域拠点事業〜ママぱれっと」として、相談よりもっと手前の、赤ちゃんとの暮らしの立ち上がりを丁寧に複数の多職種の専門職で見る、あたらしいプロジェクトをスタートさせました。

この3年間の報告書は「ママぱれっとについて」で検索するとすべてをご覧いただくことができます。この問題は母子保健や保育の枠組みの中で語っていては絶対に解決しない。もっと、社会に、社会の中で力のある層に届く言葉が必要だと感じて、報告書の中で書いたのが次の「宣言」です。発表後、通信社主催の県知事の子育て施策のお話の場の末席で発言の機会をいただき、その後も、岡山県の保健福祉学会、スカンジナビア・ジャパン・笹川財団のプレゼンテーションと、機会をつくってこの話をしてきました。その後、全編ボーカロイドで収録した動画「みんなで考えたいこと！〜0歳児を育てることのさまざまな課題に社会が無関心なままではいけないと思うの

です」としてYouTubeにアップしています。

1．ゼロからはじまっている。

　　最初が肝心。そう言いながら、ヒトとしてのスタートアップ、つまり0歳児を育てることの様々な課題に社会は無関心だったと思うのです。

2．考えてみてください。最初の一年にすべきこと。

　　あなたが経営者や事業の責任者なら、はじめて世に送り出した商品・サービスをそのままにしておかないと思うのです。特に最初の一年、目をかけ、声をかけ、周辺に働きかけて、より社会に受け入れてもらえるように手を尽くすはず。ヒトにおける0歳はそんな時期なのです。

3．社会における初期投資。課題になる前に支援する。

　　少子化、学級崩壊、ひきこもり、孤立化するパラサイトシングル…。うちの子は大丈夫という考えは通用しません。育つ環境、障がいのあるなしにかかわらず、課題が目についてから支援するのではなく、課題になる前に親子を支える。そのベストなタイミングが0歳児なのです。

4．便利になってカラダが変わる。進化か、退化という進化なのか。

　　便利になったのはいいけれど…。ヒトが体を使う場面がどんどん減っていく。使わない機能は衰えていくんですよね。体がつくられることで、心と脳が育つ、そんな環境を大人が真剣に考えないと。もっとゆっくり、しっかり、体の機能を味わう0歳児があっていいはずなのです。その先の人生で持てる力を十分に発揮できるように。

5．子どもを身近に見ることなく、子育てする難しさ。医療と福祉のはざまで

　　様子をみましょう、の一言で、不安のまま取り残されるママたち。子育て、つらい、楽しくない…よね。少子化を止めようと思うなら、0歳とママの普通の暮らしから、意識して、ていねいに支える必要があると思うのです。その小さな一歩として、私たちの活動、「ママぱれっと」がはじまりました。

4
さまざまな属性をもつ人の多様な見方を共有する

　起業までの私の職歴は、メーカーの欧州向け輸出のアシスタントにはじまり、中小

企業向けビジネス情報誌の編集、地方経済誌の編集記者、英国にあった日本人向け大学教育施設の広報、就職情報誌のライター、都市型テーマパークのイベント企画・広報宣伝・文化事業担当と多岐にわたります。この間、地域の子育てがどうなっているかなんて、まったく知らずに過ごしてきました。

　そして今、もはや就園、就学のタイミングで課題に着手するのでは遅く、０歳からの生活を予防的な視点から支援しないとその後の長い人生で課題は増えるばかりなのです。子どもの発達の偏りにどのような専門職の力を借りたらいいか、2018年に「ママぱれっと」で多職種連携を企んだときに、０〜３歳の乳幼児の体のことに理解のある専門職（特にOT、PT）は病院の中でも少なく、それだけ社会構造として必要な専門職に出会う機会がないという事実に愕然としたことを思い出します。

　そこで私たちは拠点のプログラムとしてZoomで各地の専門職を繋いだ気軽な相談室である「縁側オンライン」をはじめました。「縁側オンライン」は、毎週月曜日の朝30分、Zoomで専門職（助産師・作業療法士・管理栄養士）と拠点のスタッフ（保育士）と、ママと赤ちゃんと時々パパをつなぐオンラインの居場所です。

　例えばある日はハイハイ少し前の赤ちゃん３人と最近ハイハイがブームの赤ちゃん１人。カメラ位置を変えてうつ伏せの様子をみんなで観察し、専門職からのアドバイスだけでなく、先輩ママたちの経験談を聞ける場でもありました。参加する親子にとってだけでなく、専門職にとっても、さまざまな属性をもつ人の多様な見方を共有し、だからこそ発見もある「稀有」な場として機能するようになってきました。

　多職種連携は、単に職種が違うというだけでなく、いろいろな人生を生きた専門性をもつ支援者が、それぞれの立ち位置から課題を見つめ意見をオープンに交わし合うことで力を発揮します。そこで忘れてほしくないのは、人の人生は就園、就学という所属組織の枠組みで途切れるものではなく、人生という放物線の中で切れ間なく続いているということと、特別支援の枠組みの中だけではなく課題の見えづらい０〜３歳児の、普通に見える子どもたちにも、その後の長い人生のための予防的支援として多職種連携によるサポートが必要とされているということなのです。

　地域と言うリアルな場所とPC越しのオンラインの最前線に、いろいろな人生のまじりあう場をつくり続け、そこで一人ひとりが細く長くその時々の親子の思いとつながっていく。それが私たちチカクの仕事なのだと改めて感じています。

乳幼児支援に作業療法は必須

切れ目のない子育て支援へ
―作業療法士とともに―

栃木県
足利市

認定こども園東光寺幼稚園 園長
大塚 久子

　チャレンジ1年目、まだ全国展開は始まっていない2016年12月、栃木県学童保育連絡協議会の総会で、作業療法士連携について紹介する機会を得る。すぐさま「作業療法士と連携したい」と声が上がり、その総会に参加していた作業療法士さんを紹介することとなる。

　なぜ、学童保育の総会に作業療法士が出席していたのか。岡山でのチャレンジが始まるか始まらないかの頃、福岡の学童保育指導員の鍋倉功さんが、資格認定研修講師講習会で大分の作業療法士の宇野功二さんを見つけたと連絡をくれた。早速、9月に大分まで会いに行った。宇野さんが、同窓の栃木の塩田典保さんを紹介してくれた。その流れで、11月に栃木県学童保育連絡協議会の国府田恵美子さんと一緒に、塩田さん含めた作業療法士さん3人にお目にかかった。そこに来てくれていたのが稲毛優希さん。関心をもって、総会に来てくれた。つながりは、飛び火する。

1　多様な子どもたちが主体的な活動で成長

　東光寺幼稚園は、幼保連携型（認可幼稚園と認可保育園が合体した）認定こども園です。

> ・保護者が就労している（いない）子どもたち
> ・保護者が病気の子どもたち
> ・外国にルーツをもつ子どもたち
> ・児童養護施設で暮らす子どもたち
> ・特別支援（軽度発達障害等）の子どもたち
> ・要保護（支援）の子どもたち
> ・体験不足の子どもたち　など

　多様な子どもたち（0〜5歳）が、同学年の集団（クラス）をホームにして主体的な活動をしながら成長していけるようになっています。
　加えて、

> ・留守家庭の子どもたち（6〜12歳）の成長には【学童保育】
> ・未就園の子どもたち（0・1・2歳）の成長には【未就園児親子クラブ・子育てサロン・園庭開放・一時預かり等】

それぞれ関わらせていただいています。
　「すべては子どもたちの笑顔のために」が園のモットーです。「保護者の笑顔は？」と言われてしまいそうですが、もちろん保護者支援にも力を入れていて、その結果が「子どもたちの笑顔」につながると信じています。

2　今までの他の専門職との関わり

　たくさんの専門職の方々に助けられて、子どもたち・保護者に寄り添っていけるのだ

なあと感じています。学童保育関係者という立場で、つながりやすそうな専門職に★を
つけました。小学校との連携や保護者の了解があると、つながる可能性は上がります。

① 心身障害児専門小児科医

　　年に一回、「足利市幼稚園特別支援教育巡回相談」で子どもたちの困り感を見て
もらい、対応方法のアドバイスをいただいています。巡る幼稚園の数が決められて
いて巡回のない年もあるのが残念なところです。

② アレルギー専門小児科医★

　　食物アレルギーの対応について「指示書」をいただいて、食物を除去・代替した
給食を提供しています。除去のいきすぎやアレルギー最新事情の情報をもらえるこ
ともあります。

③ 子ども専門の臨床心理士

　　主に障害児の特徴や対応の仕方、その保護者やきょうだい支援について研修して
もらえます。個別の質問もできます。

④ 言語聴覚士・保育士★

　　【療育機関所属】年に一回、通所児童を中心に園での集団生活を参観した上でア
ドバイスをいただいています（通所していない園児についても、相談に乗ってもら
えるので前述の専門医の巡回相談のない年など特に助かっています）。2023年度
から、通所児童の保護者が希望すると、月に一回程度、園を訪問して、継続的に見
守る事業が始まりました。

⑤ 保健師

　　【足利市健康増進課★や保育課所属】園生活に困り感をもっているように見える
子どもについて、対応を相談できます。場合によっては、保護者にも加わってもら
い、発達検査を受けて療育機関を利用できるようになります。保護者の子育て相談
を保健師さんにつないで、不安を解消してもらうこともできます。

⑥ 社会福祉士

　　【足利市子ども家庭政策課所属★】要保護の園児家庭（主に虐待）について、連携
をとりながら、家庭訪問を頻繁にしてもらえています。

　　【児童養護施設所属】施設の子どもたちの対応について相談するのはもちろん、最
新の対応事情（例、支援計画を子どもと一緒に相談するようになり、乳幼児につい
ては、その心を代弁する気持ちで立てている）等の提供は、園の子ども対応を振り
返る際のよい刺激になっています。

⑦ 民生委員児童委員・主任児童委員★

　　要保護家庭の園児の見守りをお願いする場合があります。（特に、長期休み中や休日など）卒園後も見守りを継続してくださる場合もあり、子どもたちにとってありがたい存在です。

⑧ 障害者相談支援者・相談員

　　【障害者相談支援センター所属】心の病気のある保護者支援のために、望ましい方向性やつなげる専門機関等を一緒に考えていただいています。

　　【障害者就労支援相談センター所属】園の障害者スタッフについて、障害の特徴・接し方・就労支援の仕方など、丁寧に教えていただきました。本人のために、ジョブコーチを派遣してもらえたりもします。

---

③　作業療法士との出会い

　2016年栃木県学童保育連絡協議会の勉強会にて。

「岡山県から来ました！」

　糸山智栄さんの第一声に惹きつけられ、次に「学童保育に作業療法士が関わると、障害のある子どもたちにとってよいことがある！」と熱く語られた内容から「学童クラブで作業療法士さんが巡回相談やってくれるってことかな？」と思いました。勉強会終了後、糸山さんに巡回相談をしてくれそうな作業療法士さんがいないか相談したところ「いる！　いる！　今日、来てるから！」とすぐに稲毛優希さんを紹介してくださいました。作業療法士の稲毛優希先生（以下、優希先生）は子育て中ながら、いろいろな研修会に参加している時期だったようです。

　同年12月6日、優希先生と話がまとまり、2017年1月18日「学童くらぶプーさんのおうち」に初めて作業療法士さんがやってきました。

---

④　具体的な関わり

　優希先生の初めての訪問は、2日間（2017年1月18日・2月17日）にわたりました。

初日は1年生から6年生までが一斉に下校する水曜日をあてました。対応が難しいと感じている子どもたちの様子をあらかじめ口頭で説明してから、下校のお迎え・宿題・おやつ・思い思いの遊びタイムを一緒に過ごしてもらいました。

　その日のうちに、気になる子どもたちについて、作業療法士的な視点から説明をしてもらいました。例えばルールが守れないA男さんについては「ルールそのものを理解できていないのかもしれない。ルールを守れるようにするには、①そのルールを理解できるようにする。②そのルールを守ろうと思えるようにする。③そもそも彼に守れるルールであるかどうか考えてみる。守れないようなら、段階を下げたルールにしてあげる」等々。"目から鱗"でした。

　優希先生と指導員たちとの話し合いが2回目の訪問で実現しました。2月17日金曜日の夕方、子どもたちが帰った後、お弁当を広げながら、みんなで語り合ううれしいひとときでした。子どもたちの困った行動の理由を知り、その【スモールステップな対処法】でやっていけば、何とかなりそうだ！という気持になれた日でした。

⑤　活動の広がり

　優希先生の訪問は、学期ごと（年3回）に定着して、2017・2018・2019年と続いていたところに、新型コロナ感染拡大防止のため、2020・2021年は年1回のリモート相談になっていました。2022・2023年度は、年2回の訪問にまで戻りました。

　2017年4月からは、幼稚園の乳幼児の様子も見てもらい、クラス担任や特別支援員たちが具体的なアドバイスを得ています。子どもたちの困り感の理由やその後の望ましい遊びの紹介をしてくれるので、実行しやすいようです。

　また幼稚園と学童クラブの保護者の「子育て相談」にも関わってもらっています。

　優希先生ご自身も、子育て中のママなので、保護者に寄り添った相談支援になっていると感じます。

6 今後の期待

優希先生の訪問を始めて7年目。少しずつ学童の先生たちにも変化が現れてきました。

当初は、気になる子どもたちの様子を口頭で説明していたのですが、文章にして渡すようになりました。文章にする過程で、より客観的な捉え方になってきています。

2021年度からは、優希先生からの提案で、先生から受けた説明やアドバイスを文章化して提出するようになりました（ご自分で説明したことをどう受け取ってもらっているか把握したいということでした）。アドバイスを実行してみてどうだったかなども書き添えています。負担にならない程度に続けていければと思います。

2つ目の変化は、困った行動の理由を知ることで、子どもたちに寄り添った対応を心がけるようになってきていることです。一番困っているのは私たちではなくて、その子自身なのだと感じられるようになり、個別対応を工夫するようになってきています。

最後になりましたが、医療系の専門職である作業療法士さんは、学童クラブにとっても幼稚園にとっても、具体的には、小学校との連携・保護者の相談支援・専門機関との連携・指導員への研修やアドバイス等を、中心となってコーディネートしてもらえるのではと期待しています。ますます重要な役割を果たしてくれると思います。

「学童くらぶプーさんのおうち」に優希先生を送り込んでくださった糸山さんに心から感謝の気持ちを捧げます。どうもありがとうございました。

- -

さて2017年、先行チャレンジの沖縄の仲間知穂OTが東京で講演のタイミングで、南風原町の前城充課長が東京出張だという。ならば、学童保育コンサルを経験した仲本かなえさんを招聘して、関東説明会を実施。この会にも参加してくれた丸茂ひろみさん、国府田恵美子さんの参加で、そのSNS投稿が旋風を巻き起こす。この流れで栃木で実施した仲間知穂OTの講演会に東京の本西光枝議員が参加したのだ。

こんな具合に次から次へとつながって、加速する。

学童保育と作業療法士の出会い

安心して支援員が保育に取り組める環境をつくりたい

群馬県 高崎市

社会福祉法人 みどの福祉会 業務執行理事
丸茂 ひろみ

2016年5月、岡山県備中県民局協働事業は決まったものの、「OTコンサル」とは何だ？　見たことない。ありがたくも7月に横浜、8月名古屋でお試し企画が実現した。全国展開を目論んでいたので、この人！という人を誘った。そのひとりが丸茂さん。私の目に狂いはなかった。おかげで、群馬には数回行った。行くたびに、学童保育と作業療法士の連携は着実に広がっていた。と同時に、みどの福祉会の活動の広がりもすさまじい。

① 高齢者事業では、おなじみの作業療法士が学童クラブに？

　2016年、こども食堂や学童クラブに関する記事をFacebookでアップされていた糸山さんを見つけました。7月、当時の首都大学東京（現、東京都立大学）の教授で作業療法士の小林隆司先生のコンサルテーションを横浜の学童クラブで行うという案内が届き、同行を申し込みました。ここから光が差し込み、違う切り口の方法にのめり込むことになったのです。

　私は、社会福祉法人みどの福祉会（群馬県高崎市）で、認定こども園・子育て支援センター・通所介護施設・居宅介護支援事業所・地域包括支援センター、そして放課後児童クラブを2か所で運営しています。保育事業、高齢者介護事業を行う中で、引き受けた放課後児童健全育成事業は、あまりの制度の脆弱さと位置づけの低さに愕然としていました。特に気になる子どもたちへの対応方法と、学童クラブの地位向上についてよい方法を模索していて、何か方法はないかとSNSでも情報を探していたタイミングでした。

　「これだ！」と作業療法士ファンになった日です。介護事業のなかでリハビリ職の方とは、あたりまえに出会ってはいたものの、リハビリ職と思っていた作業療法士さんの関わりを子どもの現場で見学できたのは衝撃的でした。

　2017年9月、東京で開催された学童保育と作業療法士連携報告会に参加し、小学校にコンサルテーションで介入している作業療法士の仲間知穂さんとつながり、沖縄県での活躍を知りました。仲間さんが群馬県に来られる機会があるということで、学童支援員と地元の大学の作業療法学科の先生とミニ講座を行いました。岡山県津山市の角野いずみさんもかけつけてくれました。今思うとかなり贅沢な企画でした。さらに、群馬県の支援員すべてに作業療法士の魅力を伝えたいと思い、2019年3月には、「学童クラブ×作業療法士」と題して、岡山の取り組みに加え、地元の保健師の町村純子さん、群馬県作業療法士会所属の作業療法士さんからも、効果と魅力を講話してもらいました。

　2017年11月には高崎市学童保育連絡協議会でも取り組んでもらい、2019年12月、実家のある神奈川県で開催された「学童×作業療法in湘南」に参加し、八重樫貴之さんはじめ多くの作業療法士と出会うことができました。

　群馬県作業療法士会の研修会にも参加してみたり、東京の保育園で行われた作業療

法士の山口清明さんの講話を聞いたりと、自分自身のモチベーションもあげつつ、ずっと次へつなげることの方法を模索していました。WAM助成金事業による3回のコンサルテーションも提案いただき、2019年秋には自法人の管理する学童クラブで実施しました。支援員以外に、こども園の保育教諭と看護師、デイサービスセンターでお世話になっている外部指導者である理学療法士にも参加してもらい、群馬県作業療法士会所属の作業療法士2名によるコンサルテーションで新たな視点を学ぶこととなりました。

2　群馬の地に広げていこう！　知ってしまったこの魅力

　私にとっての課題は、この感動を県内の学童クラブや保育業界へ伝えることと、コンサルテーションを継続する方法でした。子どもの分野で活躍する作業療法士が少ないことと、謝礼金の捻出は高いハードルですが、職員と子ども、保護者の3者が安心して子育てできる環境を提供したい。そして保育に関わる職員にとってスーパーバイザーが存在して、多職種でケースカンファレンスができる職場の環境を整えたい。それは保育の質が高まることにもなり、好循環となるだろうと確信していました。

　2021年7月に卒論を「園生活における発達障害児への対応」に関する内容で書きたい学生がいるという相談を大学より受けました。もちろん快諾し、コンサルテーションは小林隆司先生の教え子である福田弘子さんにお願いしました。

　椅子に座っていられず姿勢保持ができない5歳児Aちゃんに、作業療法士は椅子に注目し3歳児クラスの椅子を試し、足底が床についているかなどを見ました。「ちゃんと座ろう」という声かけだけを何回も続けていた保育だったと気づかされました。その後は牛乳パックで作った箱を足元や背中に置く工夫を取り入れました。クラス別に椅子が決まっている固定概念を崩したら楽しい保育になるかも！と思えました。この流れから「5歳児×作業療法士」を行うことに決めました。

　八重樫貴之さんに群馬パース大学の吉岡和哉さんをご紹介いただき、まずは、こども園の看護師や栄養士も含む職員と外部から作業療法士、言語聴覚士もお呼びして勉強会を行いました。作業療法士という職種を初めて知る保育教諭もいたので職種の説明をお願いしました。すぐに質問が飛び交い、Bちゃん、Cちゃんのあれこれを相談する姿を見て、これは継続する必要があると改めて感じました。専門職連携の魅力を

感じてくれたという実感も得ました。

　Ａちゃんはコンサルテーションを3回受けて卒園していきました。小学校でもこの視点が継続されるような連携体制ができるためにも家庭、こども園、学童クラブ、学校と作業療法士を含むカンファレンスがしたかったです。2022年度は3歳児のコンサルテーションを行いました。

　作業療法士の魅力を知ってしまったら、もう止められない活動なのです。群馬県の担当課から研修のお知らせを発信してもらい、作業療法士的視点の魅力を知る学童クラブを増やしたいです。保護者からも作業療法士連携の要望が出て、育児を楽しんでもらいたいのです。誰もが幸せに過ごせる環境を目指すためにも、2023年度は高崎ロータリークラブ基金より助成金をいただけたので県内に周知する勉強会や希望の学童クラブでコンサルテーションの実施、支援員資質向上のためにも新たな角度から学ぶ機会を行政などを巻き込みながら企画します。「制度の狭間」「地域共生社会」「多職種連携」などの言葉が次から次へと現れて、社会福祉法の改正やSDGsが舞い降りてきました。社会福祉法人として本来業務を担うのは当然のことであり、これからは視野を広げ地域の困りごとを「わがこと」として捉えていこう！という扉をみどの福祉会は開いたわけです。

③ 無料学習支援、こども食堂、制服バンク……
次々とつながる活動

　生活困窮者自立支援制度（2015年）の任意事業に「子どもの学習・生活支援事業」が盛り込まれたことなどをきっかけに、地域貢献事業として2016年4月から生活困窮家庭の子どもへ無料学習支援を始めました。主にひとり親家庭の子どもたちに大学生のボランティアが宿題を中心に教えます。こだわったことはマンツーマン体制。自分のために向き合ってくれるお兄さんやお姉さんと満たされた時間となり、大学生に憧れて自分たちも大学へ行きたいと思うことで、学習意欲も湧き、進学をあきらめないでほしかったからです。

　保護者へは「ハッピーマネープラン勉強会」と題して、進学に必要なお金の勉強会も実施しました。「子どもの貧困」といわれますが、現実は「家庭の貧困」です。進学への貯金がなく、子どもが勉強意欲もなく将来を思い描けないという、貧困の連鎖

をどうしたらよいのか？　親子で生きる力をつけるためにはどうしたらよいのか？という発想から試みた勉強会でした。学習支援を始めて数か月するとコミュニティが生まれて、会話が弾みなかなか帰宅しようとしない子どもとおかあさんたちが目立ちました。

　そこで、仕事を終えて迎えにきたひとり親のみなさんと月に一回、食事を一緒にしようと考えました。こども食堂の始まりです。さらには私から「そんなにここにいたいなら泊まる？」とふざけて言うと、親子たちは本気で返事をしたので、園でお泊り会も行いました。デイサービスのお風呂に入り、園庭で花火を楽しんで、夜のジャングルジムで写真も撮りました。夕飯はこども食堂で済ませて、朝食は自分たちでおにぎりを作りました。ただそれだけのお泊り会だったけれど楽しかった。一緒にいるということで仲間となりました。

　地域の困りごとを聴く耳をもつと次から次に「制服を買う余裕がない」「食料を買うお金が足りない」「学校に行かれない」などの声が聴こえるのです。ひとりの困りごとから地域の困りごとだと気づき、制服バンク、フードバンクの発足となりました。学習支援に不登校児童も受け入れました。社会福祉法人としては相談をワンストップで受けられる力をつけたいと思い始めていました。と同時に他の社会福祉法人、地域の社会資源、行政とも連携する必要性も感じていました。コロナ禍が拍車をかけたことで、生活に困窮する方々のフードバンク利用が増え、食品ロスと困窮者との相反する状況がそれぞれ増加しています。

　また、以前から気になっていたのは、相談窓口に行きにくい方がいるということでした。そこで子育てに悩む保護者への家庭訪問型子育て支援「ホームスタート」というNPO法人が東京にあることを知り、県内初の「ホームスタート」を立ち上げました。ワンオペ育児で悩んでいる方もいるだろう。専門家に話すほどではないが聴いてほしいこともあるだろう。孤育てから楽しめる子育てになれるように傾聴と協働の活動です。

4　子どもを真ん中に笑顔の花を咲かせよう

　介護保険制度では当事者を中心に多職種で担当者会議が開催されて、介護支援専門員（ケアマネジャー）が要となり、ケアマネジメントしています。児童分野においてはどうでしょうか。子どもを真ん中に地域を巻き込みマネジメントすることは、障害

福祉、要保護児童への対応としてやっと模索が始まったところではあります。高齢者福祉の比ではありません。また、気になる子どもたちへの対応方法も心許ない状況です。学童クラブでは、支援員という単一職種の職場であり、他の専門職は不在であり、スーパーバイザーもいません。凸凹のある子どもたちは例年増加し、現場の悩みはつきず、子ども自身も生活しにくく、保護者も日々子育てに不安を感じているという構図があります。

　学童クラブの役割が重要であることは、新型コロナウイルス感染症対策のため全国一斉臨時休校となった2020年3月に明らかになり、運営の安定と地位向上を期待したいところですがなかなかかないません。

　種を蒔く人、水をあげる人、花が咲くまで見守る人、草むしりする人、咲いた花を飾る人、プレゼントする人、受け取る人、その様子の写真を撮るのもいいね。みんな大事。みんな必要。あなたはどのタイプですか？　それとも新しい品種を生み出すタイプですか？

　ぜひ、多様なタイプの方々と仲間になり、子どもの最善の利益をめざし、学童保育が充実しますように。

　そして、第3の居場所としての放課後になるように願わずにはいられないです。

女子少年院の法務教官からOTへ

フリーランス作業療法士　星　幸子

● 教育学部から女子少年院へ

　私は大学卒業後、教育実習の経験から、学校の在り方や何かがつらい子たちと個別に向き合いたいと考え、教員にはならずに女子少年院の教官（法務教官）になりました。

　女子少年院には、複数の寮があり、少年（ここでは、女子）は、一つの寮に属して、規則正しい集団生活を送ります。午前・午後にカリキュラムがあり、園芸や手芸、タイピング学習、販売士や危険物取扱主任者の資格取得の実科に加え、薬物・暴力・窃盗・性犯罪などの講義を聞き、自分の課題と向き合って、同じことを繰り返さないように学んでいきます。所属寮とは別に、じっくりと課題と向き合う個室だけがある寮で内観も含めた個別支援も行われていました。

　ほぼ毎日、体育の時間があり、体操やエアロビクス、レクリエーションなどを行います。私はストレッチと筋力運動を組み合わせて「リラックス体操」と名づけ実施していました。しっかりと運動をしていると、余計なことを考える暇はありません。「先生の体操はきつくって、ちっとも『リラックス体操』じゃない。ネーミングがおかしいですよ～」とよく言われ、「すっきりするでしょう～」と応じていました。

　また、寮別に歌を練習して発表する合唱コンクールでは、力強い歌声に、少年たちの夢をもって生きていきたいという真摯な願いが伝わってきました。そして、茶道・書道・手芸・なぎなた等の定期的なクラブ活動や、引いたクジによっては園長先生と肩を組んで歌って踊る人もいる借り物競争が種目にある運動会も開きました。

　法務教官の仕事は、5～6日に一度、翌日が非番となる当直があり、夜は数時間の仮眠をとり、15～20人の子どもたちの日記にコメントを書き、園内を巡回します。寮別に、お父さんとお母さんのような主任・副主任、お姉さんのような数人の担任がいて、少年たちをケアし、各自が課題と向き合い、更生することを意図していました。当時、女子少年院退所者の再犯率は2％以下でしたが、ここで学ぶことで一人でも多くの子が社会に適応し、人とのつながりの中で生きていけることを祈るばかりでした。

　少年同士の諍いの仲裁に入ることもあり、「大丈夫だよ」と声をかけた時に、「先生、私、大丈夫じゃないのに、大丈夫とか言うの、やめてくれます？　前にお母さんにも、大丈夫じゃない時に、大丈夫とか言われて、ムカついたんですよね」と言われることや、「先生はこうやって、熱心に話を聞いてくれるけど、私より、自分のほうが、上って思ってるやんな」と言われる等、本音でぶつかる場面も多々あり、誰もが自分自身に向き合う機会にあふれていました。

● 仕事で燃え尽きて、この世がセピア色に

　面接時、「激務ですよ。できますか？」の問いに、力強く「はい」と答えましたが、たった2年間で私は燃え尽きてしまいました。知識も経験も仕事をセーブするコントロール力も不十分でした。先輩のアドバイスに耳を貸すことはなく、頑なに、自分の決めた基準に沿って仕事をし、ほどよく働くことができずにいました。

少年たちは、相手の言動の奥にある本音が滲み出る生き様を鋭く感じ取っていました。自分の気づき以上に、人としてのあり方や関わり方、引いては生き方を少年たちに伝えることができない壁にも気づいていました。私自身が自分の親との関係性につまずきを抱えており、私の軸はぶれ、疲れをリカバリーできないまま、どうにか業務をこなす日々。そこに、追い討ちをかけるように自分を育ててくれた先輩の自死があり、私は不眠をきっかけに、ある日、この世が色をなくしセピア色になってしまい、心療内科のお世話になりました。

● 作業療法に出会う

退職して、約10年ぶりに自分の家族と同居し、支えてもらい、結果的に自分の育て直しのような時間を過ごしました。「あんなにいい先輩が、生きることに疲れて死んでしまうなんて、おかしい。自分も燃え尽きてしまった。このまま生きていけるのだろうか」そんなことが頭の中で渦巻いている時、気になっていた作業療法士の編入学試験の新聞広告が目に留まりました。少年院で経験した植物を育てる園芸の充実感、手芸科で絡まったレースを根気よく解く作業で少年と共に必ず解くに至った時の安堵した経験などから、人と作業することで人は再生されるのではないかと漠然と感じていました。受験して入学しました。「みんな、小さくていいから生きる希望をもって、生きてほしい」と願い、作業療法士はその力を育める仕事なのではないかと思ったのです。

卒業後、精神科の作業療法士として働き始めました。デイナイトケアに配属となり、農耕作業、手工芸、ウォーキング、卓球、陶芸、社会適応訓練などに関わりました。退院後の通いの場で、就労に向けての面接の練習を提供し、ナイトケアでは仕事帰りの居場所の場として、さまざまな形で通う方を支えていました。「人は一人では生きて行けず、仲間を必要としている存在なんだ」ということを改めて実感しました。

● メンタルの変動に合わせて働く

結婚して、4人の子どもを育てながら、病院・療育センター・老人保健施設・放課後等デイサービス・訪問看護ステーション・介護予防事業で仕事をしてきました。この間、メンタルが弱り、何度か休養を取り、再帰しています。その時々で、時間の経過と人との繋がりの中で、元気になれました。

私にとって、少年院勤務は夢半ばでしたが、今、その夢の続きを歩んでいます。現在関わっている神奈川県相模原市の介護予防事業「いきいき百歳体操」において、多職種のみなさんからの視点を生かしながら、通いの場づくりをサポートすることが楽しいです。目の前の人も社会もさらにエンパワーメントを高めていけると信じています。

人を信じられるようになったのは、これまで出会って、育ててくださったすべての方々のおかげだと感謝しています。また、人生のほんの少しの間、さまざまな形でサポートさせていただいた方々が、笑顔を忘れず生き抜いておられるよう心から祈っています。そして、これからもできることを見つけてやっていきます。

注）本文章中に登場する内容は、そのまま事実ではありません。守秘義務があり、一部内容を変えて表現しています。また、ほんの2年しか勤めていない私が垣間見た少年院のお話ですので、この内容がそのまま少年院という現場のリアルと判断することのないようにお願いします。一つの物語としてお読みいただければ幸いです。

学童保育と作業療法士の出会い

「どこにいるんだ!?
作業療法士〜!!」
─愛知全域に広げる、そして─

愛知県
津島市

特定非営利活動法人放課後のおうち 理事長

谷口 雅子

　2016年度の備中県民局事業は順調にスタートし、SNSを活用して情報発信。早速、視察に来てくれ、2017年度全国展開のためのWAM助成が決まれば、すぐさま、早くに手を挙げてくれたのが、愛知県のみんな。ところがところが、調整がなかなか進まず、コンサルは2017年度末の実施となってしまった。その間、自力で作業療法士を探し、発見して、愛知で広げていってくれた谷口雅子さん。愛知県津島市の学童保育保護者OBだ。

 学童保育利用のために引っ越した津島市
　──大規模で施設不足、疲弊している指導員

　私と学童保育の出会いは2005年のことです。

　共働きの必要性に迫られ、近隣市町村で一番保育時間も長く、長期休みに給食をつ

くってくれる津島市の学童保育所に通わせるために引っ越してきました。その時に娘たちが入所した学童保育所は、100人を超える大規模学童保育でした。

　1年目は「学童保育」というものも、大規模学童保育の弊害も何も知らずに過ごし、2年目には父母会長という大役を引き受けました。指導員と話す機会も増え、大規模学童保育で指導員がどれだけ疲弊しているのかも知りました。

　施設は児童館の2階を増築した部屋を使っていましたが、とても足りず、子どもたちは狭い部屋や園庭で自由に過ごすこともできず、何かあってもゆっくり話も聞いてもらえず、大変なストレスを抱えていたことと思います。

　当時は2つの小学校から子どもたちが通っており、次の年には隣の小学校敷地内に学童保育施設が設置されて分割されましたが、もう一つの小学校から通う児童数は相変わらず70人を超えていました。翌年には、そちらの小学校敷地内にも専用施設が設置され、広い運動場でのびのびと遊ぶことができるようになり、子どもたちのトラブルが減ったと指導員が話していたことはよく覚えています。

　しかし、ほっとしたのもつかの間、全国的にも大規模学童保育が増加していることを憂慮した厚生労働省が、大規模学童保育は子どもたちの育つ環境としてふさわしくないため「経過措置3年を設けるので、その間に分割するように。3年後には70人以上在籍する学童保育所に補助金は出さない」という方針を打ち出しました。

　3年間、市と何度も話し合い、議員懇談を行い、マスコミに取材してもらい、厚生労働省の方からも直接津島市へ聞き取り調査もしてもらう等、考えられる手段はすべて実行しましたが、市はまったく分割する気がなかったため、保護者と指導者が中心となってNPO法人を立ち上げ、民家を借りて自主分割の道も探りました。

　しかし、自主分割をしても補助金対象にはならないと市から言われてしまったことや、70人以上の学童保育所も補助金の対象となることが決まったため、自主分割はせず大規模学童保育所のまま運営を継続することになりました。

 10年かけて一括運営に舵を切る

　津島市には8小学校区にそれぞれ1か所ずつ「こどもの家」という学童保育所専用施設があり、それぞれの施設は、そこに通う子どもたちの保護者が所属する父母会（保護者会）が指定管理者として運営をしていましたが、指定管理者となる前から父母会

運営だったため、それぞれのクラブが独自の進化をしていて、保育時間も土曜開所日も保育料も、指導員の就業規則や給与表も何もかもバラバラの状態でした。

　運営費は児童数によって大きく左右されるため、雇用できる指導員の人数や給与も違い、それによって保育の質も安定しないという状況でした。幸い、全クラブが同一の運営形態で、津島市学童保育連絡協議会（市連協）加盟だったことから、全クラブが分担して課題を掘り下げた「運営規定研究会」を経て、「みんなで津島の学童を考える会」という全員参加型の会議をもち、より良い学童保育を未来へつなげていくために、何が課題で、どのように解決したらいいかをみんなで考えました。

　折しも、子ども子育て新システムが導入される節目でもあり、保育の質の均一化、指導員の処遇改善を伴う就業規則の統一、父母負担の軽減、安定した運営を目指し、おおよそ10年かかりましたが、全クラブの意見の一致をもって各クラブ父母会運営から合同雇用を経て一括運営へと舵を切りました。一括運営の受け皿となったのは、以前大規模学童解消のために立ち上げた「NPO法人放課後のおうち」でした。

　2018年度より、NPO法人放課後のおうちが、市内全クラブの一括指定管理者となりましたが、市連協活動はほぼそのまま残っています。補助金計算や雇用に関わる事務や大きな責任はNPO法人が負い、保護者や指導員は、保育のこと、子どもたちのことに専念できるようにしています。一括運営となってから、子どもたちの利用率はさらに増え、指導員も継続して勤務してもらえるようになり、クラブ間の風通しもよくなったと感じています。そのおかげなのか、2020年度から再び大規模学童保育が増えてきています。

　10年前にどうしても分割できなかったクラブは、再び90名を超える児童数となったため、小学校の空き教室をお借りして、津島市としては初の支援の単位分けを実現しました。そして2022年には、5クラブが50人超え、そのうち2クラブは70人を超えているため、支援の単位分けを早急に進めてもらいたいと思っていました。

③ 特性に合わせた保育にしたい　作業療法士はどこに！？

　そんな中、発達しょうがいのある子どもたちやグレーゾーンと言われる子どもたちも年々増えてきています。指導員は全員しょうがい児研修を受講しているものの、一

人ひとり違う特性のある子どもたちへの対応に関しては、手探りの状態が続いていました。そんな時に、岡山県で「学童保育×作業療法士連携」を始めたと聞き、岡山まで研究会を聞きに行き、その後、各地で続々と始まる「学童保育×作業療法士連携」を目にするたびに、津島市でもなんとかして実現できないかといろいろと考えました。

　そもそも作業療法士さんがどこにいるのかもわからず、とりあえずしょうがい児や発達しょうがいの療育をしている施設を調べては電話をして、作業療法士さんを探しましたが、組織に所属している作業療法士さんは当然そちらでの勤務があり、保育園などに巡回している方も年間スケジュールが決まっているので無理というお返事でした。

　また、自治体からの依頼で巡回している園の中に学童保育も入れてもらえないかと、今度は市役所に直談判しましたが、あっさり却下されました。しかし、「巡回事業とは別になりますが、ある保育園へ個人的に定期的に訪問している作業療法士さんがいると聞いたことがあるので、そちらの園長さんに聞いてみたらどうか」という情報をいただき、さっそくその園に連絡をし、作業療法士さんにつないでいただけることになりました。

④ 県西の津島から、東へ広げろ──指導員の安心感に

　その作業療法士さんが、津島市の学童保育にコンサルに来てくださっていた伊藤美保子先生です。突然の依頼にもかかわらず、学童保育のコンサルに前向きにお返事をくださったので、年度途中ではありましたが、津島市の作業療法士連携が始まることになりました。2019年には「専門職との連携」学習会を津島で開催し、愛知の学童保育研究集会でもそれからずっと作業療法士連携の分科会を開催し、伊藤先生に講師をお願いしています。

　途中コロナ禍もあり、コンサルが中断した期間もありましたが、指導員からの強い要望もあり、2023年は2クラブに来ていただいていました。コンサルを続ける中で、指導員さんから「専門職の方から『大丈夫』と言ってもらえると安心できる」という声もあり、大規模学童保育の中で少しでも気持ちに余裕をもって子どもたちと向き合えていることに大変感謝しています。ただ、今は伊藤先生のご厚意で来ていただいている状態なので、津島市の事業として療育施設等と連携をして、今後も継続していけるような仕組みをつくりたいと思っています。

5　学童保育だけではフォローできない歯がゆさ

　作業療法士連携を目指した理由の一つに「どんな子でも安心して楽しく通える学童保育にしたい」という思いがありました。私は以前からしょうがいの有無や家庭状況にかかわらず、必要とする子みんなが安心して楽しく通える場所があるといいのにとずっと思っていました。

　学童保育に通う子どもたちは、ひとり親家庭や共働き家庭のお子さんですが、保護者と指導員でその成長発達を見守り、何かあった時もみんなで共有し、考えることができます。お子さんのことで、学校の先生とお母さんが話す場に指導員が同席したこともあり、共に子育てをする仲間として信頼関係を築けています。しかし、学童保育に通っていない子どもたちのことは、当然ですが学童保育ではまったくわかりません。保育料が払えずに途中で退所していった子もいますし、ひとり親家庭でも学童保育に通わず、独りぼっちで放課後の時間を過ごしている子もいます。

　学童保育という枠の中では、そういった子たちに何もできず歯がゆい思いをしていました。学童保育に通う子も通わない子も、みんなが気軽に来ることができる居場所はできないかと思っていたところに、「こども食堂」の記事を見て、これだ！とひらめきました。すぐに仲間を募り、数か月後にはプレイベントとして「もちつき」を開催し、2016年5月から活動を開始しました。スタッフの中には学童保育の保護者OBや、こども食堂をやりたいと集まってきた地域の方々も大勢いらっしゃって、みんなの熱い思いのおかげで、今でも活動を継続できています。

　コロナ禍になる前は、定休日の喫茶店をお借りして食事を提供するほか、季節ごとに、学童保育保護者OBの経験を活かして、夏は流しそうめん、秋は焼き芋、冬はもちつきなどのイベントを、小学校の校庭をお借りして開催していました。なかなか体験できないイベントに子どもたちは大喜びし、それをうれしそうに眺めている保護者たちの表情もとても印象的でした。子ども写真教室や少年団など、さまざまな団体ともコラボして活動の幅を広げてきました。

　コロナ禍では、お弁当を作って配布したり、ご寄付いただいた食材を配布するフードパントリーを開催したり、月1回程度の活動を続けていました。企業様からのご寄付を取りまとめて県内のこども食堂に分配してくださる、フードバンク愛知様やセカンドハーベスト名古屋様、あいちこども応援プロジェクト様などに支えられ、また近隣市町村のこども食堂とも連携をとり、情報共有をしたり、合同フードパントリーを

開催したりしていました。また、行政や社会福祉協議会とも連携を進めることができ、各方面からご支援をいただけるようになっています。

　そうして知名度が上がるに連れ、多くの方がフードパントリーに来場されるようになり、今は毎回200世帯分をご用意するほど規模が大きくなりました。こども食堂は「貧困家庭」のイメージが強くありますが、多くの方が取りに来ることで、敷居が低くなればいいと思いますし、大勢の方の中に本当に生活に困っている方が混ざって来てくれればいいなと思っています。ただ、今は広く多くの方に食材をお渡しすることはできていますが、子どもたち一人ひとりに寄り添った支援はできないような状況になっているので、小規模の地域密着型のこども食堂が増えてくれるといいなぁと願っています。

　私たちが活動を続けることで、地域にこども食堂が増え、こども食堂に支えられて育った子どもたちが大人になった時に、また違う形で地域の子どもたちを支える活動につながってくれたら、きっとこの町は安心して子育てができる町になっていくのだと信じています。

　学童保育もこども食堂も、子どもたちが子ども時代の楽しさや幸せを享受できる場所ですが、それを維持し、育てていくのは大人たちの役目であり責任です。

　そして、地域に支えられて育った子どもたちは、きっと地域を支える大人たちになっていき、「津島市で生まれ育ってよかったね」と言い合えるような、そんな町になっていったらいいなぁと願いながら、一つひとつ活動を積み重ねていきたいと思っています。

　2023年12月19日、市議会定例会の最終日、津島市の放課後児童クラブの指定管理者を決める条例案が賛成多数で可決され、新しい指定管理者は、株式会社明日葉（東京）に決まった。

　2023年1月、市長宛てに寄せられた「利用料が高い」、「イベントが多く親の負担が大きい」という2通の手紙を発端に、市は、利用料に上限額を設け、事業者の公募化を決定。

　9月、指定管理者の選定委員会を開催。優先交渉権をもつ事業所を全国で放課後児童クラブを展開する「明日葉」（東京）に決め、NPO法人「放課後のおうち」は次点となった。

　津島市学童保育連絡協議会は、NPO法人の運営継続などを求め、5294人（市外を含む）の署名が集め、反対を表明した。

12月19日　津島市議会　第4回定例会議決			
議案第67号	指定管理者の指定について（放課後児童健全育成施設）	令和5年12月19日	原案可決
請願第3号	50年続いている学童保育の質の確保と子どもたちの最善の利益を願う請願	令和5年12月19日	不採択

第4回定例会議決　結果一覧表より抜粋

※指定管理者名は新聞報道による。津島市ホームページ検索（2023年12月27日現在）では、法人名は出ない。（糸山智栄）

なんとか実現したい
議員の作戦

「わいわい、がやがや、わくわく、ドキドキ！ みんなで地域を考える！」

江戸川・生活者ネットワーク　区議会議員　本西光枝

● 出会いが流れをつくる

　私が子ども分野で活躍する作業療法士のことを知ったのは、2018年1月の弁護士会館での糸山智栄さんの発表でした。15分ほどでしたが、このチャンスを逃してはならないという、突き動かされる感覚があったことを覚えています。10日後、うっすらと雪が積もった都議会議会棟にお越しいただき、「学童保育×作業療法士」のお話を詳しく聞きました。

　私は国会議員をもたない東京の地域政党、生活者ネットワークに所属しています。1977年に生協に加入する女性たちが中心となってつくった政治団体です。子どもたちのために、食の安全や環境のことを議会で取り上げてほしいと署名を提出しても通らない現実に、それなら議員を送り込もうと活動を始めたのです。その際、議員を職業化しないために「議員は交代制。議員報酬は市民の活動資金に。選挙はすべて手作りで（カンパとボランティア）」という3つのルールをもち、多くの市民を議会に送り出してきました。

　私も議員の役目をいただいていますが、もともとは、住民参加型の福祉系NPO（運営形態はワーカーズ・コレクティブ）でヘルパーとして活動していました。江戸川区では「すくすくスクール」という区独自の放課後事業を行っているのですが、発達障害児の付き添いの際、思いもよらない行動

をとることや、こちらの言うことを聞いてくれないことに戸惑っていました。友だちとのトラブルもあり、どのように支援をしたらよいのか、毎日が手探りの状況でした。

　そのような経験をしていたこともあって、このOTの取り組みは、当の子どもにも、周りの保護者を含めた大人にも、多くの人に光がさしこむはずと考えたのです。

　地域で活動するOTのことをもっと詳しく知りたいと思い、次に栃木県で開催された沖縄の仲間知穂さんの講演会「子どもたちの『できた』を育むチームアプローチ」に参加しました。

　「どうすれば、OT活用への理解をすすめていくことができるのでしょうか」と質問した私に、仲間さんは「実践をすることです」と答えられました。「実践」といってもどうしたらよいものか…と思っていたところに、見ず知らずの私に八重樫貴之OTが協力を申し出てくださいました。

　帰り道、まずは、議会で質問しよう。OTの実践を知ってもらって、江戸川区でも取り入れてもらおうと思いました。

● パブリックの場で

　「議員って、何をしているのですか？」ってよく聞かれます。私も、議員になるまで、議員の仕事が何なのか実はよくわかりませんでした。今ならこう答えます。「みんなの困りごとを解決するために、議会で質問しています」

　議員は、たくさんの方からの相談を受けます。内容によっては既存のしくみへつなぐことで解決することもありますが、新たな課題の場合は、しくみ自体が存在しないこともあります。

　2018年6月の本会議質問では、「岡山県

で実践されているOTとの連携をぜひ江戸川区のすくすくスクールでも取り入れてはどうか」と提案しました。江戸川区は学童保育も内包されたすくすくスクールという、学校の施設内でさまざまな子どもたちが過ごす場所のため、いわゆる一般的な学童保育と呼ばれる運営とは少し異なっています。教育長の答弁は、「発達障害児に限らず、さまざまな子どもがくる状況に合わせた対応を職員は行っている。例えばドクターだとか心理士だとか、それ以外にもさまざまな専門職と連携してすくすくスクールを運営している」ということでしたので、「作業療法士の視点の活用を検討してほしい」と要望しました。

その後、すくすくスクールの指導員研修に「作業療法士から見る子どもたち」の項目が入りました。まずは一歩というところです。

● 地域に広げる

配慮を要する子どもたちへの支援にOTを活用するという、新しい取り組みを始めるにあたっては、現場のOTが賛同してくれなければ進みません。また、保護者の方にも、「OTは日常の生活の場で活躍してくれる方である」という認識をもっていただけなければ、活きたものになっていきません。

そこで、NPO時代からの知人であった、江戸川リハビリテーション連絡会の会長に話をもちかけました。地域で活躍するリハ職が注目されるこの新しいうねりに興味をもっていただき、2019年1月公開講座を開催し、多くの方に聞いていただくことができました。

その間、糸山さんと意見交換をする中

で、コンサルには実際に協力していただけるOTが欠かせないが、まだまだ、地域で活動するOTは少ないということを聞きました。そこで、「江戸川区リハ専門職の地域連携をすすめる会」を立ち上げ、10月から4回連続「OTコンサル入門講座」を開催、区立幼稚園のご協力をいただき実習も行いました。

次は、仲間知穂OTを沖縄から招いて、講演会を行おう！ と思った矢先、新型コロナがやってきました。まさかの全国一斉休校、2020年4月7日の緊急事態宣言発令。突然の急ブレーキです。

八方ふさがりのように思われましたが、ほどなく糸山さんが「Zoom」という新たな「どこでもドア」を使って現れました。糸山さんと数人で、朝、練習をしたことが思い起こされます。

● 種はそれぞれの地域に

リアルでのコンサルや、講演会は難しい状況となったため、都内34の自治体に組織する生活者ネットワークの子ども部会主催のZoom学習会を行うことにしました。1回目は、北里大学作業療法士学科教授の高橋香代子OT。アメリカの学校には作業療法士が配置され、子どもたちの憧れの職業とのことです。インクルーシブ教育が夢ではないことに希望をもちました。そして、2回目は念願の仲間OT。沖縄県ではすでに実践して効果をあげていることにもまた一同驚きました。

「地域で、チームで、長い目で」

これからも子ども中心のまちづくりを進めていきたいと思います。

Chapter 2

学童保育と作業療法士の出会い

作業療法士との
出会いで見えてきた
アクションでさらに変わった

 佐賀県
唐津市

一般社団法人キラキラヒカル 代表理事
田中 雅美

　同じく2017年度のWAM助成事業にいち早く取り組んでくれたのが、佐賀県だ。2017年6月、佐賀県放課後児童クラブ連絡会と佐賀県作業療法士会の顔合わせの会のつもりが、いきなりコンサルの日程が決定。スタートは小城市。人口少なめの佐賀県の地元新聞への掲載がでかい。全国への大きな発信となる。

　2018年の2〜3月の佐賀県での作業療法士連携講座に参加できなかった唐津市の指導員一行が、2019年6月の岡山市開催の山口清明OTの講座にやってきた。その中のひとりが田中雅美さんだった。

事実を見る思考が、学童保育に必要だ

「空」「雨」「傘」の思考に出会ったのは、2019年の6月。

岡山で行われた、NPO法人はびりすの代表理事・作業療法士の山口清明さんの研修会でした。「学童保育×作業療法士連携」の一環で行われた研修会。佐賀県唐津市から4人の支援員で岡山に乗りこみました。この頃「作業療法士」に関する知識もない私でした。しかし、地元の学童保育支援員の資質向上に役に立つのではないか、学童保育の現場が変化するきっかけになるのではないか、そんな想いを抱き参加をしました。

「空」⇒「事実」

「雨」⇒「解釈」

「傘」⇒「判断」

＊「空」「雨」「傘」の思考
空を見上げると、今にも雨が降ってきそうな雲、雨がふるな！　そうだ、傘を持って出かけよう。

子どもの行動を「空」「雨」「傘」の思考で捉えていく。

衝撃的でした。私は、子どもの行動を「解釈的事実で判断」しがちだったからです。「事実」を飛ばし、「解釈」から「判断」していたことに気づかされました。『事実を見ることは、1000本ノックと同じだ』と言われた言葉が、今でも鮮明に私の脳裏に焼きついています。学童保育の支援員に作業療法士的視点が加われば、子どもたちにとって、もっとよい環境で生活することができる！　そして、学童保育の支援員の資質向上につながる！　そう確信した研修会でした。

さっそく、地元の学童保育で作業療法士によるコンサルテーションを実施するため、地元の作業療法士さんにコンタクトをとり、3つの学童でコンサルを行うことが実現しました。ただし、コンサルを行えるクラブの協力は得ることができたものの、作業療法士さんへの謝金に関しては協力が得られず、自分たちで助成金をとり、さらに、岡山県学童保育連絡協議会のWAM助成事業にも参加して、3つのクラブで月1回のコンサルを3か月にわたって実施しました。

同時に、唐津市と佐賀県に「学童保育×作業療法士連携事業」の協働提案を提出し

＊「放課後児童支援員」とは：豊かな人間性と倫理観を備え、常に自己研鑽に励みながら必要な知識及び技能をもって、育成支援に当たる役割を担うとともに、関係機関と連携して子どもにとって適切な養育環境が得られるよう支援する役割を担う必要がある。
（出典：放課後児童クラブ運営指針第1章3−(3)）

ました。協働提案は、予算としてはかなわず、「周知協力」にとどまりました。しかし、唐津市と佐賀県に対し、「学童保育×作業療法士連携」を知ってもらえたのは、大きな一歩だったと思います。

　その年の9月、博多で「第53回日本作業療法学会」が行われました。糸山さんのFacebook投稿記事で、前夜に交流会があることを知り、「参加したい！」と名乗りを上げました。九州のみならず、全国の作業療法士さんが10名ほど会に参加されていました。そこで、神奈川県在住の八重樫貴之先生と出会いました。「佐賀県で、作業療法士連携の研修会をしてもらえないか？」とお願いをしたところ、八重樫先生は、快く引き受けてくださいました。再び、「学童保育×作業療法士連携WAM事業」で佐賀県での研修会を開くことにして、トントン拍子に日程まで決め、福岡を後にしました。

2　唐津で勉強会を実施、高まる期待

　私は、2021年3月まで、約10年間、学童保育の支援員として勤務をしていました。40歳からの新しいスタートでした。2015年から始まった、「放課後児童支援員資格」を2016年に取得しました。資格を取得してからは、今までの自分の支援員としての姿勢や仕事内容、子どもたちに対する対応がいかに未熟だったかと思い知らされる日々が続きました。あらゆる研修会に参加し、本を読み、インプット⇒実践⇒アウトプットを繰り返しました。人生で40代が一番勉強をしたように思います。それでもなかなか変化しない学童保育の現場に苦戦しながらも、子どもたちとの毎日は本当に楽しい日々でした。

　2019年12月、待ちに待った「学童保育×作業療法士連携」勉強会。

　八重樫先生と唐津の作業療法士、江渡義晃先生のコラボで勉強会を行いました。近隣の市町からの参加もあり、30名ほどの参加者でした。「学童保育×作業療法士連携」とは？から、どんな効果が生まれるのか。丁寧にわかりやすく説明してくださいました。地元の学童保育の現場が少しでもよい方向に変化してくれることを期待せずにはいられませんでした。2020年の5月ごろ、第2回目の勉強会をやろう！と、八重樫先生と約束を交わしました。

3 リアルが無理ならオンラインでやってみよう！

2020年2月28日。

「コロナ感染症拡大防止措置」が発令され、突然の一斉休校。すべてのイベントは中止となりました。先行きがまったく予想できない状態で、5月に予定していた勉強会も八重樫先生と何度も打ち合わせしながら、ギリギリまで検討を重ねましたが、リアルに行うことは断念せざるを得ませんでした。

ならば、オンラインでやってみよう！と方向転換しました。

実際のコンサル自体もオンラインで行いました。対象児童の動画を撮り、八重樫先生に見てもらい、カンファレンスをし、その状況をそのまま勉強会の題材にして、参加者に見てもらいました。その後、このオンライン勉強会は3回にわたり、継続して行うこととなり、全国規模で「学童保育×作業療法士連携オンライン」を知っていただくことができました。

「コロナ禍」で加速したのは、やはり、「オンライン」でした。

佐賀県でも2020年の5月から、毎日毎日「オンライン」の練習会を重ねました。50代以上が多い学童保育支援員の世界で不慣れな「オンライン」への挑戦！　一つひとつ苦手を克服し、助け合いながら練習をしてきました。「よく頑張ったなぁ」と自分でも思います。「コロナ禍」だったからこそ、「オンライン」という手段で全国ともつながりやすくなったのは確かです。決して「学び」をやめなかった全国の学童保育の仲間。

そして、私の中にも変化が生まれてくるのです。

4 そして、私の決意

2021年3月。

10年間勤めた学童保育を退職する決意をしました。

「私がわたしらしく働きたい」「子どもたちの放課後をもっともっと豊かな時間にしたい」そんな想いを胸に、同年4月「一般社団法人キラキラヒカル」を設立し、"子どもの居場所"運営を行うことにしました。

　法人設立時は2人のスタッフと1人のボランティアスタッフの4人で、2か所の子どもの居場所を開設しました。1か所目の子どもの居場所は、利用者数6人、2か所目は利用者数3人からのスタートでした。現在では、1回に30～70人近くの子どもたちが利用する居場所となりました。

（2021年の利用者数：1か所目、約4,000人。2か所目、約2,000人）

　そして、2022年6月、3か所目となる「みんなのあそビバ」をスタートさせました。社員も10名に増えました。子どもの居場所では、いろいろな困難を抱えた子どもたちに出会います。経済的貧困だけではなく、学校や心の問題を抱えた子どもたち。見た目では判断できない困難さを抱えた子どもたち、そして、保護者さん。地域や行政、さまざまな職種の方々と連携しながら、子どもたちと関わっています。

　2019年の作業療法士さんとの出会いは、私の人生を大きく変化させてくれました。もちろん、佐賀県の同志の存在も大きな支えになっています。学童保育の世界から、いったん外に出ることで、見えてきた景色もあります。

　そして、また、新しい扉を開いて、私はその景色を見ることでしょう。

学童保育と作業療法士の出会い

「これだ!!」と心が動いた OTとの出会いの瞬間

東京都
清瀬市

特定非営利活動法人子育てネットワーク・
ピッコロ 理事長

小俣 みどり

　2021年、コロナ禍にもかかわらず、愛知県豊橋市の学童保育指導員会から「作業療法士連携」について、改めて知りたいと連絡があった。谷口さんたちの地道な活動の賜物だ。コロナ禍での佐賀の田中さんと東京の八重樫OTのオンラインコンサルの話をしてもらうことにした。映像があってインパクト抜群。せっかくなので、リハーサルがてら岡山県のNPO法人オレンジハート主催で、前日の日曜日にも講座を実施。月曜は無理だけど、日曜なら何とかなると参加してくれたのが、東京都清瀬市の小俣みどりさんだった。小俣さんは指定管理者として、清瀬市の学童保育を運営している。

① 26年間、子育て支援の活動を続けてきた団体としての役割

　NPO法人子育てネットワーク・ピッコロが発足したのは、1998年1月。発足のきっかけとなったのは、全国の自治体に、公的な支援策として実施されている、ファミリー・サポート・センター事業の先駆けとして、厚生労働省が「地域に子育て応援団」をつくるという目的で全国展開していた「保育サービス講習会」。その講習会が1997年9月、清瀬市男女共同参画センター・アイレックと当時、厚生労働省の外郭団体であった（財）女性労働協会との共催で開催されました。研修を修了した40名で話し合いを重ねていき、志を同じくした16名で発足しました。掲げた方針は2つ。「困った時はすぐ手を差し伸べる」「預かる理由は問わない」住民参加の家庭訪問型子育て支援の会が16名の内、一人だけが所有していた携帯1本を事務所代わりにして、スタートしました。

　地域の子育て中の家庭のニーズや社会のニーズに向き合い、自分たちができることは何か？と常にみんなで話し合いながら、思いを支援の形にしてきました。その支援は、行政施策の狭間を埋める支援であることが多く、事業の必要性が認められ、公的な支援になることも少なくありませんでした。事業化に伴い、どこよりも使いやすいサービスの提供を目指し、安全で安心できる支援の実践に努めてきました。しかしながら、常に活動の中からの気づきがあります。その気づいたことをどうするのか？もっと弱い声を拾い上げ、子どもたちが生きていく社会をよりよく変えていくにはどうすればよいのか？　どんな時も、日々の活動に追われることがあっても、NPOのビジョンを忘れないで活動していくことが、ますます大切になっています。

② 学童クラブの指定管理運営を考える覚悟

　2020年6月の市報に記載されていた、2021年度4月からの学童クラブの指定管理者募集が目に留まり、「えっ！　何？」と驚き、ざわざわとした気持ちになったことを今でも忘れません。また、2020年2月末から、コロナ禍において学校が閉鎖になった時に、学童クラブは開所し、子どもたちの受け入れが突然朝からになり、支援員の

勤務体制を増やすことが必要になりました。支援員の対応人数が足りずに、当団体ピッコロの支援者数名が毎日学童クラブに応援に入りました。すると、その場にいる多数の子どもたちは、保育園児だった時にお世話をしていた子どもたちであることがわかりました。そのこともあり、ピッコロの支援者たちの間でも、運営が指定管理に変わることへの関心が高まっていました。

「学童クラブが指定管理になぜなるの？」と私のFacebookに載せたことがきっかけとなり、学童クラブの任用職員の方から問い合わせがあり、「ピッコロさんが学童クラブを運営してくれるのですか？」「運営してくれたらうれしい」との声も上がってきました。

理事会を開催し、専門職の理事からも意見をもらうと、「ピッコロが運営するなら、子どもの最善の利益を考え、子どもが居心地のよい場にするしかないね」と学童保育に携わっていた理事からも言われました。

プロポーザルに参加することを決定し、学童クラブの見学会に参加したところ、わが市にも企業が参入してくることを知りました。「企業の参入で学童クラブはどうなるのか？」「現在の職員の人たちはどうなるのだろう？」「そこに通っている子どもたちの現状はどうなっていて、どうなっていくのだろう？」ということを把握していく必要性を強く感じ、副理事長と共に、「全国学童保育連絡協議会」等、放課後児童クラブ関係のさまざまなオンライン研修会に参加し、『日本の学童ほいく』の冊子購読も始めました。

 ## 気になる子どもたちがいるんです
——現場からの声

選定されて、2021年度4月から3か所の学童クラブの指定管理者としての運営がスタートしました。職員としては、前年度まで会計年度任用職員だった9割の方々が、当団体の運営する学童クラブに再就職する形で、支援員として残ってもらえました。学童施設の定員は、60名以上〜100名、部屋の大きさは、2015年度に示されている子ども1：1.65㎡の広さ×人数の広さはあるとされていますが、テーブル、イス、棚が設置されているために、十分に遊べる空間がない中で過ごしている現状がありました。体力がついてきた小学生が、エネルギーを発散できる環境ではないこともわかり

ました。

　そして、支援員は「発達障害があると診断されている子以外に、気になる子もたくさんいて、対応の難しい子たちがいるんです…」と口々に話します。また、コロナ禍での育成のため、安全を徹底し、事故をおこしてはならないという意識もより強く、禁止の声かけや支援員の方々の緊張、子どもたちと笑い合って遊ぶことができていない実態を目の前にしました。どうしたらよいのか…話し合いもしましたが、先が見えてこない日々でした。

④ 「いつもと違う場」に顔を出すことでチャンスがやってきた

　希望をもてずに3か月ほど過ぎた7月、岡山県で取り組まれた「学童保育×作業療法士連携全国モデル事業」実践発表研修に参加した時でした。その時、初めて作業療法士との出会いがあり、その後、思いがけない可能性が広がっていくことになったのです。

　その時の研修では、作業療法士による子どもの状況観察。その子の発達や弱い部分、身体的なバランスの悪さの原因をピタッと当てる。子どもが過ごしている環境との問題、そして、その子と関わる指導員、友だちとの関係と関わり方を把握。指導員の方々に子どもへの働きかけを提案し、できることを決めていく。指導員の関わり方を否定せず、ほめる姿勢。無理することを求めずに、できることから実践していくことと、その子への対応の共有。

　継続して作業療法士も関わって子どもの成長をみていく。その一連の様子や子どもの変化の様子。できなかったことができるようになっていく子どもの姿が映像に表れていたのです！　すごい！　感動！　実践記録映像を見ていて、その子どもの成長がうれしくなりました。

　顔つきがしまり、目が大きくなったと思うほど目力を感じ、特定の一人の子としか関係を結べなかった子が、複数の子と遊ぶようになっていました。転びやすく、バランスが悪かった子が、なんと！　なんと！　他の子のようにできなかった木登りができ、てっぺんに立ち、自信に満ちた姿に感動しました。この「いつもと違う場」に参加したことが、作業療法士との出会いになり、紹介してもらうチャンスを得たのです。そして、9月から指定管理を受けた3学童クラブを巡回してもらえることになりました。

5 コンサルで、気づけなかったことがわかっていく

　まずは、学童クラブ全体主任会議で作業療法士の「学童保育×作業療法士」コンサルテーション入門の本を各学童クラブに配布し、取り組みについての説明をしました。外部の人間が入ってくることに対しての抵抗感に対して、指導を受けるということではなく、支援員の気になる子への対応をいっしょに考えてもらい、専門職の目からのヒントをもらうためにと話しました。

　実際に作業療法士が入ると、まずは多数の子どもたちに向き合っている支援員に頑張ってやっていることをほめてくれました。

　ある学童クラブでは、1年生と2年生の兄弟二人を中心に3年生の活発な子たちが一緒になると、「歯止めが利かなくなることがある」「みんなと一緒のことができない」「すぐに手が出て、支援員にもパンチをしてくる」「棚の上に乗る、乗って窓から出て行ってしまう」等が出されました。

　作業療法士からは、

・兄弟は注意されることが多いこと。注目を集めたいと思ってわざとやっていることも考えられる。

・体力もあり、室内では発散できていないこともあるので、遊び方を考えてみる。みんなと一緒の行動は、指示がわかっていないこともある。

・最後までできなくても、少しでもやろうとしたことを認め、最初にほめる。

・ダメなど否定する言葉を使わないようにし、危険があるときは伝え、こうしたらよいのではという提案型の言い方にする。こちらの提案を聞いてくれたらほめる。

・困っているときに、こんなふうにしたらできるんじゃないかな？とヒントを具体的に提示すること。

などの意見をいただきました。

　実際に作業療法士が対応した事例では、1年生がペンダントづくりに取り組んでいた時、いびつな丸しか描けずにいた様子を見て、「丸い筒を紙の上に置いて、その周りをなぞる」「その周りをハサミで切ってみたら」とやって見せた。すぐにやり始めてうまくいき、ハサミでもきれいに切れるようになった。友だちの分もつくると言って、集中して8個もつくっていたことが報告されました。援助が必要な時を見逃さず、

目の前で支援員が働きかける。子どもが見てわかることの大切さを実感しました。

　支援員は、子どもがどうしてそのような行動、態度をとったかを、行動の前と後を観察する。問題があった時、その後の対応も大切。叱るのではなく、聴く。観察し、聴くことで、その子を理解することにつながっていくことになる。ということを職員間で共有しました。

6　支援員の対応が変わると子どもたちも変わっていく

　家庭、学校での対応が子どもにも影響していることもあると思いますが、作業療法士と話していく中で、学童クラブだから、一人ひとりを受けとめることもできるのではないか？　学校ではないからできることもあるよねと思えるようにもなり、学齢期になってもまだ幼い状況を受けとめ、ほめることを意識するようになりました。

　2年生の兄は、「嫌だ！　やりたくない！」「一人の場所で、漫画を描いていたい」と人のいない部屋に行ってしまうことに対して、すぐに注意をすることをやめました。「やめた」と言ってもそんな簡単なことではなかったと思います。作業療法士の提案等を実施してみてどうだったかを報告する。すると、支え励ましてくれる。当初は我慢していたことが、自然にできるようになった支援員たち。

　そんな中で、子どもたちも、支援員にパンチすることが徐々に減ってきたのです。大勢の中でも、「気に留めてもらえている」ということが、子どもにも伝わったのです。

　また、外遊びに行く機会をなるべく増やしました。外遊びに行ったときは、棚に乗って飛び下りることもないことに支援員が気づきました。支援員がその子の立場になって考える。対応が変わったことで子どもも変わり、そのことを、作業療法士にほめられ、支援員も認められる。いい循環の流れができたことに感謝しています。

7　教育長に報告、作業療法士と対面する
──すべての学童クラブへの願いがかなう

　清瀬市の教育のトップである教育長に作業療法士の効果について説明。現場を視察

し、作業療法士にも会っていただきました。感銘していただいたことをきっかけに、2022年度からの5か所の指定管理運営計画に、作業療法士の全学童クラブへの巡回相談事業を入れて、プロポーザルに参加しました。

　2022年度4月から、当団体の運営管理費からも予算の3分の1を計上負担し、8学童クラブに1回／月巡回訪問し、作業療法士のコンサルテーションが実現しています。すべての学童クラブで、関わり方について考えることができ、すごくよかったと声があがってきています。

　一例をあげると、新入の1年生男児は、支援員の指示通りに行動できません。好きな食べ物を聞くと「ポケモン」（ポケモンパン）と答え、支援員や友だちからの質問に回答がちぐはぐなことが多い状況でした。

　作業療法士からは、発達に遅れがある可能性も考えられるので、学校での様子も聞けるとよいのではと提案もありました。対応としては、「一つひとつ確認しながら、一つの行動をすること」「靴を脱ぎます」「脱ぎました」「靴を下駄箱に入れます」「ここが下駄箱です」「名前があります」「ここに靴を入れます」「一度に続けていくつかのことが入っている指示をしない」支援員は本当に参考になっていて、即、取り組んでいるとうれしそうに話していました。

　また、小ホールで実施している学童クラブ（在籍77名）では、中央を棚で区切っていましたが、両脇には十分に行き来できるスペースが空いていたため、子どもたちが走り回りぐるぐる回りだすこともしばしばありました。その都度、支援員は大声で静止したり、時には体を張って止めたりしていました。その様子を見ていた作業療法士から、通常の日々の育成では、部屋を別々にして、パーテーションを閉めて、一つひとつ独立した部屋として使用すること、子どもたちも、2つの部屋に分けて育成することの提案がありました。なんと！　部屋を2つに分けると、走り回ることはできないし、しなくなりました。人数も分かれたことで、落ち着いた雰囲気になり、支援員の話にも耳を傾けるようになったのです。

　これからも、まだまだ続く喜びのエピソードが止まらない、作業療法士との出会いに心から感謝しています。

子どものために、
できることはなんだってやる
もう一つの居場所

岡山県
津山市

特定非営利活動法人オレンジハート 理事長
津山北小ひなづる児童クラブ 主任指導員

角野 いずみ

　岡山県の学童保育は、かつて地域運営委員会方式が多く、保護者OBの私が、現場の指導員の奮闘をリアルに知っているのはそのおかげだ。作業療法士連携のヒラメキを現実のものにできたのは、頑張る指導員がいて、それを連絡協議会という組織がつないでいったからだろう。行政との協働のため、応募書類を書きまくり、プレゼンをし続け、2016年〜備中県民局(倉敷市を含む県南西部)、2017年〜備前県民局(岡山市を含む県南東部)では、採択され、チャレンジが始まった。あとは県北だ。2017年、津山市協働事業が採択され、やっと県北へ活動の場を広げることができた。

1 岡山県北までなかなか届かない作業療法士連携

「作業療法士との連携」と聞いた時、ピンときて、2016年8月の名古屋でのコンサルの試行を見学して、何かが変わりそうと、ますます期待は大きく膨らみました。倉敷市でのコンサルも、地元の議員さんと一緒に視察。しかし、いつになったらわが県北の津山市までたどり着くのだろうと待ちわびていました。そんな8月、島根県松江市で開催された他団体の研修会に、講師として参加しました。研修の合間の楽しみは、書籍コーナーです。あちこちのぞきながら、歩いていると、「保育士と作業療法士」のコラボの本が目に留まりました。「これです、これ〜！」と、うれしくて、書籍を販売している方に声をかけ、話し込み、早速、岡山県学童保育連絡協議会の糸山会長につなぎました。今思えば、この時点で私自身は、まだ作業療法士コンサルを経験していなかったんですね。この本を通して、現在の子どもたちの体の不器用さにあまりにも驚き、とても興味と関心を引かれました。販売していたのは、クリエイツかもがわの代表、この本の出版元です。

2 さまざま背景がある子どもと保護者

1996年、私は以前働いていた保育園の同僚から紹介され、学童保育指導員になりました。もう四半世紀を超えてしまいました。

かつて、私の勤務する学童クラブのある小学校で、小学3年生女児殺傷事件が起きたのです。働く保護者たちの不安が広がり、学童の利用児童が急増、開設時間も延長されていきました。また、年々、働く母親やひとり親家庭も増えていきました。放課後、学童保育でのびのびと生活し、めいっぱい体験を積み重ね、友だちと絡み合いながら育っていくたくさんの子どもがいます。指導員としての関わりはとてもやりがいがあります。保護者と子どもたちの経験の場所を一緒につくっていくのが、学童保育ならではの楽しさです。

しかし、抱えきれない思いをもち、精いっぱい生活している子どももいます。忘れられないお母さんと子どもがいます。ある日、「帰りたくない」と言い、ジャングルジムから降りてきません。何度も何度も気持ちを聞き、なだめましたが、降りてきま

せん。毎日のようにこの状況が続きました。なんとか、家に帰っても、家を出てアパートの階段下で寝てしまうこともたびたびあるようでした。家で、母親と食事をとらなくなりました。その子の心の中の苦しみに触れるのには、ずいぶんと時間がかかりました。もしかしたら、まだその苦しみに触れられていないのかもしれません。子どもへの対応に並行して、母親との面談も繰り返し行いました。関係機関（児童相談所や小学校）と協議を重ねていく中で、その子は、児童養護施設に入ることになりました。「施設に入る、母子分離される」と決まったその時になって初めて、母親は、これまでの子育ての苦しさと子どもと別れる寂しさや、今後の不安を話してくれました。もっと早く誰かに「助けて」と言えていたら、こんな別れにならなかったのではないかと、とても残念でなりませんでした。

③　学童保育の輪をさらに広げる

　学童保育では、本当にさまざまな子どもとその家庭に出会います。余命が伝えられるような重い障害のある子どもたちにも出会いました。目の前にいる子どもとその親の厳しい生活を知る時、学童保育指導員である私に何ができるのか、今、何が必要なのか。学校や関係機関、また、カウンセラーなどの専門職などとつながり、力を借りて対応してきました。

　けれど、学童保育だけではできることが限られます。学童保育を超えて、もっと何かできるのではないか。一人ひとりの子どもに必要な支援を保護者とともに生み出していきたいと考え、2011 年 3 月に特定非営利活動法人オレンジハートを立ち上げました。どの子にもかけがえのない「子ども時代」を過ごし、その子どもに応じた発達の機会を保障することを目指して活動を進めています。

　オレンジハートの具体的な活動内容を紹介します。

● 学習サポート

　発達障害の子どもたちやひとり親支援として、学校の授業に自信がない、基礎からやり直したいという人のために、個別指導を行い、じっくりていねいに学習していきます。

● 相談

　心が原因で起こっているさまざまな症状があります。人間関係、学校へ行きたくない、行けない等の子ども自身の悩み、そして、保護者の悩みなどの相談にのります。聞いてもらえるだけ元気につなげられることもあります。子どもも大人もエネルギー補給の場や一休みの場として活用してもらっています（毎月一度の親の会は、もう100回以上になりました）。

● 居場所サポート（フリースクール）

　居場所を失ってしまった子どもたちの空間として、心の不安を取り除く活動をしています。基本は自由で、自分の好きなことをします。緊張や不安が消えていけるようなサポート支援を目指して個々に合った「場」づくりを企画運営しています。家から出ることができない人には、訪問支援も行っています。

● 支援者のための研修・セミナー

　スタッフや子どもを取り巻く大人たちが、常に社会の課題に敏感に向き合い、子どもたちの理解を深め、子どもたちの未来のために適切な支援ができるように、定期的に学べる場を提供しています。

● 学童保育

　津山市では、自然の中でのあそびや食育に特化した独自運営の「オレンジみんなの家」という民間学童保育を運営しています。美作市では、市からの補助を受けて、放課後児童クラブ「オレンジみまさかの家」を運営しています。既存の学童保育だけでなく長期休暇や短期間の預かり等、選択肢があることが人口の少ない県北では貴重な事業だと思っています。

● 子ども食堂

　フリースクールに来る子どもたちとオレンジカフェを立ち上げて、保護者やスタッフに食べてもらう活動が始まり、その後、ご近所のお年寄りや学生さんたちとのオレンジみんな食堂へ発展していきました。コロナ禍によりお弁当配布となりましたが、食を通してのつながりが継続するよう実施しています。また、こども食堂応援団として、県北エリアの居場所アドバイザーとして、活動を続けています。

● フードバンク

　地元行政と協働で食品ロス削減活動を進めて、個人の寄付や企業からいただくフードバンク拠点地をつくっていきました。コロナ禍で厳しい家庭やひとり親家庭への支援として「お腹いっぱい食べるしあわせを…」と題して、企業や個人から集めた食品や日用品などを提供しています。県内の子育て支援や若者支援活動をしている仲間たちとつながって実施しています。2021年度は、のべ1,000家庭を超える支援を行い、また、当事者も積極的に活動に参加できる流れをつくっていっています。お互いさまから始まり、助け合える共助の社会を広げていきたいと思います。また、必要に応じて、夕食を共に過ごすことや子どもだけで夜を過ごしている子の宿泊もできるように支援しています。さらに、農業を通しての活動の場づくりも始めていっています。

 ## 4　地域で過ごさせたいという保護者の願い

　このように、学童保育とNPO法人オレンジハートの二つの事業で、教員はもちろんのこと、医師、カウンセラー、社会福祉士、栄養士などいろんな専門職の方とつながりながら、子どもたちのために少しでもよい道を探しています。

　毎年、子どもたちとの出会いはさまざまにあります。命の短い難病を抱えた子、難聴・場面緘黙症・筋ジストロフィー症・自閉症・配慮を必要としながらも、地域で過ごす放課後の子どもたちです。このような子どもたちも当たり前のように学童保育を望みます。最近の感覚では、発達障害等で悩む親子はクラブ定員全体の2割を超える感じです。現場で子どもと向き合う指導員にとって、支援や対応にかなりの時間をとられることも多く、専門的領域の学びなくして、その子その子の特性を理解し支援することは不可能になってきています。

　ある年の秋、保育園からの問い合わせで、学童保育の見学希望と相談がありました。来春入学で学童保育を希望される、筋ジストロフィー症のケイトくんのことでした。引き受けてくれる学童保育を探し、決まればその校区に引っ越しするとのことです。不安を隠せない私は、早速、校長先生へ相談に行きました。すると「せっかく北小を望んできてくれるのだから応えましょう」という言葉に勇気をもらいました。

　その後、ひなづるの運営委員会に相談すると、「先生、僕らも協力するよ」とふた

つ返事。会長は、「もし、自分の子どもだったらと思うと、断れないよね」と話していました。ひなづる保護者には、小児・内科・外科医、そして、社会福祉士・作業療法士もいる。相談できる専門職の方々が揃っていることは、一段と安心につながっていきました。「この子の命が短いのであれば、なおさら普通の学校に通い、教室の友達と放課後も遊べる環境を小学校の時は送らせてあげたい」と話すお母さん自身も社会福祉士資格をもつ方でした。

　入所が決まると準備が始まります。まずは、子どもたちに４月から筋ジストロフィー症という難病の子どもが入ってくることを話しました。すると４年生の女の子が、その病気について、内科医のお母さんから資料をもらってきて、おやつの時間にみんなに発表をしてくれました。真剣に聞く姿が見られました。その子の病気の大変さを入学前から子どもたちと一緒に学んできました。会長は、静養室がないからと言って、手づくりの畳ベッドを作り、囲みのカーテンを天井に取りつけてくれました。みんなでケイトくんを迎える準備ができました。

　2013年、ケイトくんはやってきました。彼は、周りの環境やお友だちに興味津々。「やってみたい」がいっぱい。さまざまなことにチャレンジし、どの学年のみんなからも、やさしく接してもらうケイトくんになっていきました。入学する前の保育園からは、筋力がピークなので、保育中も職員が背中におんぶして過ごしてきたことを聞いていましたので、そのまま、学童保育でも、教室から出る時、運動場で過ごす時には、職員がおぶっていることがほとんどでした。入学して間もなく同級生のカズオから「ケイトくんだけずるいよ！」という声があり、職員の話し合いが始まりました。「ケイトくんのおんぶをうらやむ同級生」に対して、私は「その子もおんぶが必要な子ならおんぶをしよう」と職員に提案しました。同級生のカズオのおんぶもスタートすることになりました。何度か一緒におんぶされることを喜んでいたカズオは、「いろんなところへ行けないから、もうおんぶはしないでいいよ」と言って一時的なもので終わりました。

　ひなづるでの生活の中で、ケイトくんの優しさが見られる瞬間がたくさんありました。直接かかわらなくても、おやつの準備、片づけ、学習、遊びにとっても積極的なケイトくんは、子どもたちの姿を見ています。ケイトくんは、「疲れた〜」「やりたくない。その遊びは、イヤだ！」と自分の気持ちを言葉で表現できます。自分の気持ちを上手に表現できない子どもとのぶつかり合いが起きていました。ケイトくんと遊びたい同級生のタカシは、心ない言葉を投げつけたり、態度をとったりしました。放課後の生活では、障害があろうがなかろうが、友だち同士の関係は、待ったなしです。

どの子にとっても育ちの場の瞬間です。

　目で見える姿と見えない根っこに、じっくりと職員は付き合っていかなければなりません。表現のできない子ども（タカシ）の代弁者にもなり、ケイトくんの気持ちにも寄り添いながら、2人の関係を紡げるようにすすめていきました。心が満たされない子の心ない問題行動を代弁は、受け取る側には、きびしく理不尽になりそうで、職員も支え合いながらすすめました。ぶつかり合いながらの育ち合いの大切な経験をしながら、思春期前期の大切な時期になってきました。

　入学当初の校長先生から別の校長先生に代わり、彼の対応について「福祉につなげることも考えていますか？」と問われてきました。保護者の明確な意向を伝えたのを今でもはっきり覚えています。「医療的専門機関との連携はあるけど、学区を超える児童デイサービス（当時の名称）を利用することはまったく考えていなくて、生活が無理になるまで学校の友だちの中で過ごさせていきたい」と。

5　やっと出会えた作業療法士、そしてたくさんの専門職

　このことと重なるように、2017年度、津山市との協働事業として、待ちに待ったコンサルと作業療法士による講座を実施することができました。学童保育の現場に作業療法の視点からの学びが始まったのです。私はとても興味がありましたので、早速、作業療法コンサルを始めました。県内の学童保育コンサルでは、発達障害の子どもの支援を対象にすることが多かったのですが、ひなづるでは、ケイトくんを中心にしたコンサルをお願いしました。

　ケイトくんと子どもたちはこれまでよい関係性を築いてきていたのですが、学年が上がることで、ケイトくん自身が「よだれ」のことを気にしていることが見えてきていました。鼻呼吸が難しく、筋力の低下から、口を閉じておくことができなくて、よだれがあふれてしまう。「鼻で吸って、口で吐く」日々の生活の中で準備体操をし、「ウニ」や「パピプペポ」と話す練習をするなどのアドバイスから、それだけにとどまらず、私たちは、積極的に話しかけ、職員との会話を増やすことで、口を閉じる筋肉の活性化を図りました。トイレの事情、筋肉の回復は望めない中での体の成長とのバランスなどなど、ケイトくんの体についての理解が深まりました。

　私たちだけの日々の保育では、気づかないような内容が多くあり、職員の安心と自

信になって関われることが増えていきました。3年連続の作業療法コンサルを受けることで、保護者はもちろん、私たちも子どもの特性や機能について知る機会となり、個々に必要な環境づくりの幅が広がっていきました。個々のペースをより理解することが重要で、それを職員間でしっかり共有する。失敗を繰り返しながらもスモールステップを重ね、集団の中で認め合える関係づくり、得意を見つけ出してほめる機会をしっかり保障する等コンサルから得たものは、これから保育に有効な学びとなっていきました。

　6年間のケイトくんの成長は医療専門医の方も驚く姿がたくさん見られました。ケイトくんの出会いは、インクルーシブ社会を展開していく中においても重要な経験として、利用している多くの子どもたちに伝わり、おんぶで生活をスタートした1年生の頃が嘘のように6年間が充実し、仲間を通して生まれる作業の展開のチャンスを無駄にせず、できることをたくさん増やしていきました。彼自身のペースで走ること、みんなと一緒にダンスをするなど、友だち同士の関わり合いの中で育っていく姿は、私たち指導員として感動のドラマを見る瞬間でした。座学だけでなく専門家のコンサルテーションの力を借りながら、学童保育指導員がより子どもたちの生活を豊かにし、学童保育の場で、子どもの最善の利益を提供できる専門家として、知識と実践的経験を重ねていくことは、これからもなくてはならないでしょう。

　子どもと親へ、可能な限りのあらゆるサポートを行いたい。障害があることで不自由をしない、一人ぼっちのいない社会、だれ一人取り残されない社会をつくりたい。そのために、地域のさまざまな人、さまざまな専門職とつながって、子どものしあわせにつなげていきたいと活動を進めています。学童保育も、オレンジハートも。学童保育を卒業した保護者と子どもがボランティアとして、オレンジハートに協力してくれるのが、またうれしいのです。

学童保育と作業療法士の出会い

私の学童保育×作業療法

愛知県
豊明市

藤田医科大学保健衛生学部リハビリテーション学科

伊藤 美保子（作業療法士）

　津島市の谷口さんに発見された伊藤美保子先生。津島市を皮切りに、名古屋市の学童保育のコンサル、あいち学童保育研究集会では分科会講師を務めてくださっている。保護者や子どもと行う作戦会議もスタート。作業療法士から学童保育はどんなふうに見えているのだろうか。どんな関わりをしているのだろうか。紹介していただく。

 ## 学童保育の現況

　放課後児童クラブ（学童保育）は、「共働き・一人親の小学生の放課後（土曜日、春・夏・冬休み等の学校休業中は一日）の生活を継続的に保障することを通して、親の仕事と子育ての両立支援を保障すること」[1)]となっています。開所場所は小学校の余裕教室や児童館など全国の25,807か所にのぼり、1年生から6年生の1,457,384人の

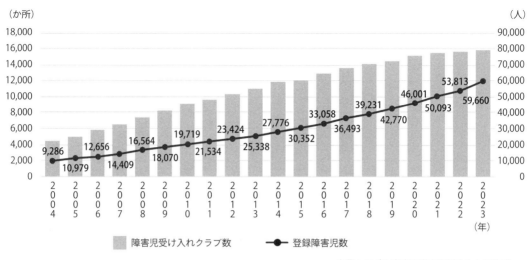

（か所） （人）

| | 9,286 | 10,979 | 12,656 | 14,409 | 16,564 | 18,070 | 19,719 | 21,534 | 23,424 | 25,338 | 27,776 | 30,352 | 33,058 | 36,493 | 39,231 | 42,770 | 46,001 | 50,093 | 53,813 | 59,660 |

障害児受け入れクラブ数 ●登録障害児数

出典：こども家庭庁発表資料をもとに作成

子どもが登録しています[2]。また、障害児の受け入れは15,841か所、59,660人（4.1%）となっています[2]。

② 「保育士が保育に専念できるように」
——私の作業療法コンサル

2016年度に岡山県から始まった学童保育と作業療法士の連携は、現在、全国に拡がり、保育所等訪問支援事業の活用、巡回訪問（明石市）、担当課の配置（倉敷市）、作業療法士との個別契約（名古屋市）など、各地で多彩に繰り広げられています。コロナ禍でも学童保育から作業療法士へのニーズは変わらず、佐賀県の学童保育と東京都の作業療法士がオンラインで距離を超えた作業療法コンサルを行うなど、さまざまな形で子どもたちへの支援が続けられていました[3]。

私の作業療法コンサルは、2013年に津島市の保育所から始まり、同市の谷口さん（51ページ）に声をかけてもらい学童保育にも拡がりました。保育所でのコンサルは、大学院の指導教授から「保育士さんが保育に専念できるように手伝ってきて欲しい」と持ちかけられたことからでした。当初は、脳性麻痺や染色体異常などの障がいをもつお子さんの障害特性を踏まえた動作方法や姿勢の保ち方、介助の仕方、環境調整など個別の対応方法が中心でしたが、訪問を重ねるごとに保育士さんの視野は、他の子ど

もや保育全体にも向けられていきました。

　occupyは「占める」「没頭する」「専念する」という意味があり、恩師の言葉は作業療法士の琴線に触れたように思います。この言葉は作業療法コンサルの始まりでもあり、今も私の土台になっている言葉でもあります。学童保育でも「Aくんのしたいことは何か？」「Aくんがみんなとキックベースを楽しむためには？」「指導員さんが保育に専念できるか？」「指導員さんの願いや届けたい保育は何か。それをかなえるためには？」「保護者がAくんになってほしいと願っている姿は？」を考えながら、子ども・指導員・保護者の想いの実現を目指しています。

③ 指導員が明日から取り入れられる関わり方を一緒に考える

　コンサルテーション（consultation：Caplan,G）では、作業療法士は、指導員に直接介入し、クライエントである子どもには指導員を介した間接介入になります。スーパービジョンと異なりコンサルテーションでは作業療法士と指導員は「教える−教えられる」の関係ではなく、子どもを中心にして一緒に連携し協働する関係です。

　私が継続的に関わっている名古屋市や津島市の学童保育では、子どもに直接関わることや関与観察もさせてもらっていますが、コンサルが単発でも継続的でも作業療法士が関われるのは限られた時間で、子どもと多くの時間を過ごすのは指導員さんですので、どのような介入の仕方であっても、指導員さんが実施可能であること、学童保育の時間内に行えること、学童保育の場を崩さないことは共通して心がけています。

　私は指導員さんとのミーティングや振り返りの中で、指導員さんが明日から取り入れられる関わり方や保育の方向性を一緒に考えていきたいと思っています。Q&Aのように指導員さんの困りごとに対する回答だけでなく、「指導員さんはなぜそのことに困っているのか」「どうなってほしいと願っているのか」「子ども本人は何に困っているのか」など、悩みや想いを共有し、一緒に考えていく過程を重ねさせてもらいます。また、指導員さんと一緒に考える時、私はその学童保育の保育理念（大事にしていること）や、指導員さんが子どもに関わる時に意識していること、対象児への想いや願いを聞き指導員さんが目指したい方向を知る手がかりにしています。Bくんの落ち着きのなさと乱暴さが気になっている指導員さんたちと話している中で「大人の手助け

がなくてもBくんが同級生と一緒に楽しく過ごせるようになってほしい」というBくんへの想いや願いが語られ、目指す方向が一気に開けたことがありました。想いや目指す姿、目標が学童保育内で共感を伴って共有されることで、指導員さんが自分の個性を活かした保育を自信をもって実践でき、さらにチームとして一丸となることにつながったのではと思います。

❹　学童保育に馴染む問いかけや提案になっているか

　指導員さんは学童保育の専門家・プロフェッショナルで、その学童保育の環境（人・物・文化・社会）についてよく知るスペシャリストです。指導員さんは作業療法士の提案を取り入れるかどうか選択し、取り入れる際も指導員さん自身のNeedsと職務状況に一致する部分を取り入れたり、修正したりして、その学童保育に馴染ませて実践してもらえればと思っています。私がコンサルを始めた頃、咀しゃく力の弱い子の食事についての相談に、口を閉じることや奥歯を嚙み合わせることが遊びの中でできないかと、綱引きを例に出したことがありました。しかし、その保育所には綱引きの綱はなく、担任の保育士さんが困惑した表情をしていた時、主任保育士さんが『奥歯を嚙み合わせること』を引き出せそうな他の遊びをいくつも提案してくれ、私の提案をその保育所に馴染む遊びに変換してくれました。あの時の主任保育士さんのような人がいなくても、その場所で実践できる方法やアイディアを保育士さんや指導員さんから出してもらえるような問いかけ方や伝え方の工夫も必要なのだと思いました。

　学童保育には、障害をもつ子どもや発達の緩やかな子どもも在籍しています。遊びの時の身体の使い方、感覚の特性、声量や明瞭度、宿題の時の座位姿勢、文房具の操作、数や文字の認知、他児との関わり方、各作業への意欲などさまざまな視点から観察し、その子の作業を分析していると、その子の頑張っている姿や工夫も見えてきます。乱暴者と思われている子が、実は友だちと遊びたいのにうまく友だちと遊べず悩んでいたり、特性によって生じる行動が問題行動と受け取られる中で自己肯定感を低めていたりなど、"困った子"が"困っている子"である姿も見えてきます。一方で指導員さんは子どもたちの成長を願いながら一人ひとりと向き合おうと日々の保育を行い、保護者は家庭・学童保育・学校・さまざまな場面でのわが子を心配しながら毎日懸命に子育てをし

ています。子ども・指導員・保護者が成長を感じながら笑顔で過ごせるような多職種協働をしたいと思います。

5 相手を知ること、自分を知ること

　多職種連携は異文化と出会い、その文化を理解することから始まるように思います。異文化理解は「相手の言語を学び、文化の違いを認め、互いに尊重し、相互に理解しようとする態度のこと[4]」で、諸外国の文化を対象に用いられますが、医療と福祉・教育・保育などの異なる分野での多職種連携も同様であると思います。私は医療分野（身体障害と精神障害）で作業療法士として働いてきました。福祉や教育・保育は全く知らない分野ではないと思っていましたが、実際に保育所や学童保育、学校などに関わっていると知らないことばかりで、作業療法士の常識は常識ではないことを実感します。言葉もその一つでした。例えば、コンサルを始める前の私は、「評価」を『検査・測定』『対象者を把握するプロセスの一つ。アセスメント』の意味で使ってきましたが、他分野や他職種、保護者にとって「評価」は『何か判断される』『値踏みされる』という意味をもつ言葉であるかもしれません。どんな人が来るのか、何を言われるのかと作業療法士を戦々恐々としながら迎える指導員さんに「C君の学童での様子を観察しながら、評価させてもらいます」と作業療法士が言えば緊張を強め、関係を自ら壊してしまう結果になるかもしれません。各機関や施設のコミュニケーション様式（非言語的なものも含めて）を知り、作業療法の専門用語や言語表現を相手に伝えたいことが正確に伝わる表現に言い換えること（翻訳）も意識している一つで、"知識で相手を傷つけない"ための方法にもなっているように思います。

　私は谷口さんに声をかけてもらった時、学童保育の制度とその地域を調べるところからのスタートでした。観察中や振り返りの時は、「子どもが中心にいるか」「作業療法の常識を押しつけていないか」「学童保育に馴染む問いかけや提案になっているか」「学童保育や指導員、保護者を先入観やステレオタイプな見方で見ていないか」と自問自答を重ねてばかりいます。コンサルでは、作業療法士はゼネラリストとしての側面も大きいなと日々実感しています。

　私にとって、多職種連携・協働は"相手を知る"機会でもあり、"（自分の）知らなさを知る"[5]機会でもありました。知らなさを知ると「なぜだろう」「ここはどうなん

だろう」「自分にもっとできることはないか」ともっと知りたい欲求が高まり、作業療法士としての職業アイデンティティも拡がり、作業療法の面白さを再実感しています。

　最後に、保育の専門家である指導員へのリスペクト、子どもの成長を願っている指導員・保護者へのリスペクト、第三者である作業療法士を受け入れてくれた指導員・保護者へのリスペクトを失わずに学童コンサルを続けていきたいと思います。

〔引用・参考文献〕
1）厚生労働省「学童保育の目的・役割がしっかりと果たせる制度の確立を〜一人ひとりの子どもたちに『安全で安心して生活できる学童保育』を保障する〜」2009年
2）こども家庭庁「令和5年（2023年）放課後児童健全育成事業（放課後児童クラブ）の実施状況」
3）小林隆司他『「学童保育×作業療法」コンサルテーション入門─地域に出よう！　作業療法士』クリエイツかもがわ、2021年
4）青木保『異文化理解』岩波新書、2001年
5）Mihoko Ito, Takeshi Hida, Kazue Goto, Michiko Goto, Yoshikiyo Kanada, Masatsugu Ohtsuki : Moving beyond superficial communication to collaborative communication: learning processes and outcomes of interprofessional education in actual medical settings.　Fujita Medical Journal 2020; 6: 93–101.

Chapter 3

どっこい思春期にも作業療法

子ども理解と対応のために
継続的なかかわり
―視点が増えた自立援助ホーム―

岡山県
岡山市

特定非営利活動法人子どもシェルターモモ 専務理事

西﨑 宏美

「10年間探していた最後のピースがやっとみつかった。それが作業療法士だ」

これは、真摯に子育て支援政策づくりに打ち込んできた南風原町こども課長や町議からの言葉。地域で活動する人々にとって、作業療法士の視点は、新鮮で、しかも求めていたものだった。

学童保育に限らず、幅広い年齢層で、多様な場で力を発揮する。そんな確信を得て、備前県民局協働事業で、子どもシェルターにも関わってもらった。

子どもシェルターモモと作業療法士の方とのお付き合いは、2017年に糸山智栄さんから学童保育の分野で作業療法士と連携して効果をあげられたことから、他の分野でも活用できるのではないかと、首都大学東京（当時）の小林隆司教授を紹介されたのが始まりでした。

① 子どもシェルターモモを設立

子どもシェルターモモ（以下、モモ）は虐待やその他の理由で家庭や施設で居場所を失い、行き場をなくして困難を抱えたおおむね15歳から20歳までを対象に、居場所を提供し、自立を支えることを目的に2008年にNPO法人を設立し、2009年から活動を始めました。

居場所としては緊急避難先の「子どもシェルター」（女子用）と、共同生活をして自立を目指す「自立援助ホーム」（女子用と男子用）の3つがあります。2023年6月末までにこの3つのホームを利用した子どもたちはのべ207人になりました。また、モモが運営する3つのホームの退所者だけでなく、児童養護施設や里親の元で養育された若者を対象に、アフターケア事業（児童養護施設等退所者事業）を2016年より岡山市より委託されて運営しています。2022年度のアフターケア事業の利用者は100名で、件数は3,717件に上ります。

子どもシェルターは東京、横浜、名古屋に次いで全国で4番目、地方都市では初めてでした。また、自立援助ホームは岡山県内では初めてでした。

② 子どもシェルターや自立援助ホームが必要なわけ

虐待を受けた子どもの緊急避難先は児童相談所の一時保護所です。また、さまざまな理由により家庭で暮らすことができなくなった子どもたちの養育の場としては、児童養護施設や里親があります。こうした子ども福祉の基である「児童福祉法」では「児童」の定義は「18歳未満の者」となっているので、高校生でもすでに18歳になっている子どもは、児童相談所の一時保護の対象にはなりません。2022年度から成人年齢が18歳になりましたが、18歳を超えた若者が緊急避難できる公的施設は皆無です。

また、児童養護施設で生活するには、義務教育終了後は高校に通学していることが原則で、高校中退や中学卒業で就労する子どもは施設で暮らすことができません。家庭や施設で暮らすことができなくなってしまった、社会経験のない子どもたちが、社会へ一人で生きていこうとすると危険がいっぱい待ち受けています。モモはこうした10代後半の子どもたちのセーフティネットの役割も果たそうと立ち上げました。

　ホームに入居する子ども一人ひとりには、岡山弁護士会の協力を得て、弁護士がつき、子どもの権利を擁護する、子どもの代理人としての役割を果たします。また、子どもシェルターや自立援助ホームには児童福祉経験のあるスタッフが常駐し、子どもたちと生活を共にして支えています。理事には弁護士、精神科医、児童福祉関係者、教育関係者、NPO関係者などが就任して法人運営にかかわっています。

子どもシェルター
「モモの家」居室

女子用自立援助ホーム
「あてんぽ」

男子用自立援助ホーム
「学南ホーム」外観

③ 子どもたちが抱えているもの

　モモのホームで生活するようになった子どもたちのほとんどが虐待を受けており、その上に何らかの発達特性を抱えています。その上、乳幼児期から甘えることを許されず、傷つけられ、痛めつけられ、見捨てられ続け、安全で安心した生活を送れなかったために、愛着形成ができてない状態です。したがって、自立の年齢に達していても、自己肯定感が低く、人を信用することができないために、無意識の自己防衛で萎縮したり、自暴自棄になったりで、これまでできていたことを途中で投げ出してしまうことがよくあります。

　こうした子どもたちを受け入れて生活を共にしているホームの職員は、「発達しょうがい」についての学習や研修をしているのですが、「20歳までに自立」という目標に向けて遅々として進まない状態や、実際に表出されるさまざまな行動への対応に困り果てることがたびたびです。

　そんな時、紹介されたのが「作業療法士」でした。

コンサルテーションを受けたAさんのケース

1）状況

17歳女性。ADHDと診断され、服薬。小学生の時から児童養護施設入所。高校1年生の途中で自宅復帰。高校2年生の終わり頃、家族とのトラブルが多いことからモモの自立援助ホーム「あてんぽ」で生活することになりました。

自立援助ホームでの彼女の生活目標は「高校卒業」→「就職」→「一人暮らし」と立てていました。

入居当時は1時間以上かけて通学。また、自立援助ホームの寮費（3万円）を捻出するために放課後と休日はアルバイトというハードな日課を元気に頑張っていました。しかし、疲労を感じることができにくく、突然、電池切れを起こしたように、自転車で走行中に倒れ込み眠ってしまったこともありました。また、お風呂に入る順番を忘れることがたびたびあり、順番待ちをしている他の子たちから大ブーイング。ドライヤーなど貸出共有物の返却も忘れることから、他の子たちとの関係が次第に悪化していきました。

そうしたトラブルが頻発する中で、高校3年生の1学期末より不登校気味になり、アルバイトにも行けず、苛立ちをつのらせるようになりました。何とか卒業させ、就職までこぎつかせたい、と焦る職員との関係も悪化し、ホーム全体がギスギスした雰囲気になっていました。

2）コンサルテーション

第1回目の会では、先生から「子どもの特性を知り、子どもの行動の見方を変えてみてはどうか」というアドバイスをいただきました。

視覚からの刺激に強い子に対しては、口頭で伝えて終わりではなく、ボードメモを貼りつけるなどして伝達の工夫をする。また、毎日継続した取り組みが苦手な子には、頑張りを自分で確認することができるように、カレンダーにシールを貼ってみてはどうかというアドバイスをいただき、それぞれに取り組みました。

加えて、貼り出したカレンダーには職員からのコメントを書き込むようにしました。これを見た、他の子たちも自分のスケジュールや頑張りを確認したいと、人の目がある廊下に貼り出すようになり、それぞれの頑張りを認め合うことができるようになりました。

2回目ではカレンダーへのシール貼りの効果の確認と、極限まで疲労に気づかないことに対して、「自分の体調をモニターする工夫があればいい。例えば10分のいくつとか数値化してみる。また、フェイススケールだとか、カレンダーに疲れ度を書いていくの

もいいのではないだろうか」というアドバイスをいただきました。

　3回目では、こうした取り組みの中で、Ａさん自身で体調管理ができるようになってきていることを確認。このまま様子を見守っていこうということになりました。

3）結果

　Ａさんは無事に高校を卒業することができ、正規雇用で就職も決まり、一人暮らしを始めることができました。

　2017年度は7月から11月まで、Ａさんを含め4人の子どものケースに計9回アドバイスをいただきました。

　こうした取り組みをしていく中で、ギスギスしていたホームの雰囲気が穏やかになりました。

4 専門家の力を借りて継続的な研修が始まる

　その後、小林先生との関係はいったん休止状態になりましたが、2020年度にアフターケア事業の居場所が手狭になってきたことから、休眠預金の助成を受け、物件を手に入れることができたことにより、作業療法士の先生との関係が復活しました。

　さまざまな特性をもった子どもたち（若者たち）が落ち着いて過ごせる居場所になるように、川崎医療福祉大学の大野宏明教授にも間取り図を見ていただき、各部屋の使い方についてアドバイスをいただきました。また、改修工事終了後には現地に来ていただき、物件の立地環境が静かで、人の目が気にならないこと、また、部屋の使用目的とカーテンの色がマッチしていることなどの評価をいただきました。専門家から太鼓判を押していただいた感じでした。

　現在は、兵庫医科大学に勤務されるようになった小林教授を招き、モモの職員向けに継続的な研修を再開しました。

　「本人は決められた時間に家を出たいが、出られなくて、欠勤してしまう。時に、そういった自分を許すことができないため、関係ない他者に向けて暴言を吐き、物にもあたる。彼女にどう関わったらよいか」という問いに、ちゃんと時間通りにできた日（例外）のことを、具体的なエピソードやことがらも含めて聞いていってはどうか。

また、怒りがいっぱいになったらノートに書いてみる方法はどうかとアドバイスする方法もある等、子ども一人ひとりについて適切なアドバイスを受け、職員も「そうか、やってみよう！」という気持ちになってきています。

　事例検討を重ねることで、これから、子どもも職員も落ち着いて生活できるようになることを願っています。

　　「智に働けば角が立つ。情に棹させば流される。意地を通せば窮屈だ。とかくに人の世は住みにくい」夏目漱石の『草枕』の中の有名な一節です。モモの子どもたちの話をスタッフさんから聞いているとこれを思い出さずにいられません。

　　Ｂさんは「〇〇ちゃんはよくて、なんで私はダメなん？　おかしいじゃろう」と道理を言って、スタッフを困らせてしまいます。Ｃさんは、友だちに誘われると夜中でも出かけて行って体調を崩してしまいます。Ｄくんは人と会いたくないからと、頑固に生保をもらいにいかないから水道を止められてしまいます。みんな人の世に何らかの住みにくさを抱えています。

　　考えてみると、モモの子どもたちは、取り繕ったり、うまく立ち回ったり、本音と建前を使い分けたりといったことが苦手だけど、それだけ純粋でもあります。スタッフに直球で挑んできます。スタッフもそれを全身で受けとめています。まるで昭和の青春ドラマを見ているかのような世界です。私は、学者という立場上、策を弄するようなアドバイスもしてしまいますが、基本は今のまま、青春でいいと思います。この時代という砂浜で、子どもたちと一緒に足をとられながらも走っていきましょう。海に向かって叫ぶ子どもたちの声を太陽のように受けとめましょう。

（小林隆司・作業療法士）

児童養護施設指導員から作業療法士に

作業療法士　小出直樹

● 初心の児童発達支援センターに復帰

今回の転職は、私にとって重要な意味をもたらしています。大学卒業後16年間、児童養護施設の児童指導員として、子どもたちを通して社会課題と向き合ってきました。その児童指導員を退職するに至ったのは、根拠を検証して現場（臨床）に活かせる職種として、作業療法士になる目標をもったからでした。ここから作業療法士として、児童福祉の課題に向き合っていくというスタート地点でもありました。

専門学校に入学した時から11年がたち、再び、児童福祉の道に戻ってこられました。

● 社会福祉を学んだ大学時代

高校2年生の時、進路を考えていた私は、担任の社会科の先生の紹介で、大学で社会福祉を学ぶことにしました。小学生から始めたボーイスカウトの経験だけで選んだ進路でしたが、グループワークや集団力動理論、小児心理学等を学びました。

ゼミは、家族社会学と児童福祉をテーマにし、市の児童相談所と一時保護所で1か月間の実習も経験しました。ゼミの教授はユニークな人で、ゼミで医療少年院でうどんを打って、入所者と一緒に食べたり、プレゼンテーションの勉強として、永六輔さんの講演会をマネジメントしたりしました。

4回生の時には、部活動で演劇部に所属していた私に「現実はドラマよりもドラマティック」と、児童養護施設の児童指導員の職に推してくれました。進路を地方紙の新聞記者か、家裁調査官等を考えていたのですが、卒業式を終えたその日からすぐ、その施設に住み込みで働きはじめました。

● 新卒、児童指導員時代

それから結婚までの8年間、施設で60名の子どもたちと寝食をともにしてきました。毎年夏には海水浴や親子キャンプ、秋には保護者やボランティア数十名で、地域の方々とお神輿を作り、地域を練り歩いたり、冬にはスキーに行ったりと盛りだくさんのイベントがありました。その一方で、インフルエンザやノロウイルスが流行すると集団で療養し、私たちスタッフも交代で罹患もしました。阪神・淡路大震災や火事も経験し、スタッフ3人と高校生で初期消火と避難誘導を手分けして対応したりもしました。

入所児童だけでなく、私たちスタッフも地域の方々に支えられていました。この施設は日露戦争の戦災孤児の保護を機にある篤志家により設立され、100年近い歴史がありました。浄土宗の『和順』の考えを貴ぶ施設の児童指導員であることに、とても誇りをもって仕事をしていました。

子どもの権利条約を批准した翌年には、入所児童の代表児童と子どもたちの具体的な意見表明を骨子とした、養護マニュアルづくりを始め、入所児の保護者、第三者委員の弁護士、心理士、大学教員、学生ボランティアとともに数年かけて完成させました。

入所児とは、トラブルがあってもねばりづよく話し合いを重ねることで解決できることを何度も経験しました。また、中学卒業時に就職を希望する児童と一緒に、高知県の漁船員訓練校までフェリーに乗って見学に行ったりもしました。

地域にある大小10ほどの施設が合同で、100数人規模の海水浴を実施しました。日赤の救急法の講習やライフセービングの資格を取り、その海水浴場のある地域のライフセービングクラブにも所属し、実際の海の安全管理について学ぶ中で、さらに医療的な専門知識の必要性を感じ、学びたいという気持ちが大きくなってきました。

愛着形成について困難を抱える児童も多く、境界知能や軽度知的障害と診断される児童も一定数入所していました。発達障害は児童養護施設でも、数十年前から対応について問題提起がなされていました。1990年代当時、さまざまな少年事件が報道されました。非行傾向にある児童や学校、幼稚園の集団になじめない児童の学習や生活スキルの指導について、精神科医や児童相談所の医師らによる診察や面接を通じて、対応の仕方も頻繁に話し合いました。そして、児童指導員から作業療法士へ転向したい思いが固まり、準備を始めました。

● 初めての転職と作業療法士へ

そのタイミングで、妻が働いていた大阪の児童養護施設から声がかかり、その施設の要の男性指導員が全員退職したので、1年だけのつもりでお手伝いすることとなりました。結局4年間、私たち夫婦（指導員と保育士）は、家族のモデルの一つとして、社会的養護を必要とする子どもたちの前で、あえて夫婦という関係性を全面に押し出し、日々の養育に携わるという貴重な経験をしました。

4年後、ようやく自身の望む医療職への転職へと踏み出し、職業訓練で医療事務と簿記を学びました。第1子を授かり一念発起し、看護助手として働きながら作業療法士養成の専門学校に通うことになりました。

児童養護施設勤務の16年に加えて、結婚10年後に授かった子の存在で「子ども」というワードがさらに重みが増しました。作業療法士1年目は、児童発達支援事業所で勤務し、応用行動分析、TEACCH、構造化、感覚統合、太田Stage等、療育で必要となる基礎的な発達や心理の考え方について学ぶことができ、とても有意義でした。

2年目には、卒業した専門学校のグループ病院に転職、療養型と回復期の二つの病院を行ったり来たりしながら、高次脳機能障害や認知症を併存する療養期の疾患の高齢者、急性期を脱した中枢神経疾患や骨折の方のリハビリテーションに携わりました。

次に、福祉施設のキャリアから推されて、特別養護老人ホームや就労支援等複合型の施設に移動となり、成人の知的障害者施設に配属されました。2年5か月の間、知的障害者の入所施設でリハビリテーションと生活介護に携わりました。実践と同時進行で、通信教育で知的障害者援助専門員について、知的障害の歴史や制度、並存疾患や心理、生活と教育等、幅広く学びました。

● さらに学びを深めていきたい

作業療法士としての8年間で、発達支援事業所、療養期病棟、回復期病棟、特別養護老人ホーム、知的障害者施設を経験し51歳。作業療法士になるきっかけは児童養護施設で得た出会いが根底にあります。今は、地域の消防団に所属し、娘の学校のPTA活動に参加しています。これからは、児童福祉に携わる作業療法士となり、さらにしっかりと社会に向けて発信できるよう、私自身の環境を整えながら学びを深めていきたいと考えています。

どっこい思春期にも作業療法

通信制高校での特性のある生徒へのアプローチ
―作業療法士との取り組み―

岡山県
岡山市

精華学園高等学校岡山校 校舎長

永田 寛貴

　岡山で「作業療法士連携〜！」と騒いでいたら、経営者友だちから、「作業療法士さんを紹介してほしいと言っている知り合いがいる」とのお声かけをもらった。コロナ禍でもあったので、岡山県作業療法士会の森川芳彦先生には、お伝えして、個人的に紹介させてもらった。なんと、通信制の高校からのお話だったのだ。

1　作業療法士の先生を依頼するに至った動機

　生活スタイルの変化や価値観の多様化により、学校現場に求められる支援は、今や多岐にわたっていると感じています。特に通信制高校では、学校に通いづらかった子どもたちや学習に困り感がある子どもたちが通っていることが多くあります。

　精華学園高等学校岡山校でも、中学校で支援学級に在籍していた生徒や、自身の特

性を考えて通信制高校を選んできた生徒が数多く通っています。そんな生徒たちと接している中で、「これまでできなかった勉強をして、新しい自分を探したい」「もっとできることを増やして、自分の人生を精一杯生きていきたい」という前向きな生徒の気持ちを日々強く感じていました。

　学校として、そして一人の教師として、目の前の生徒たちに、どんな支援をしていくことができるだろうと常に悩み、模索してきました。そんな中、医療現場に取り入れられている作業療法士の先生の支援方法を見て、「今の生徒に必要な支援はこれだ！」と確信しました。

② 学校でのこれまでの取り組み

　学校の取り組みとしては、大きく２つのアプローチを軸として授業を行っていました。

> ・ラジオ体操のような簡単なストレッチやトレーニングを通して、運動能力の向上を目指すこと
> ・ボードゲームを通して、ルールを守ることやコミュニケーション能力の向上を目指すこと

　運動をすることで授業中の姿勢がよくなり、生徒の集中力が向上しました。またボードゲームは、楽しみながらコミュニケーションをとる練習ができるため、自然な形で話を進めることができました。

　これらの取り組みを実践してみて、生徒の授業を受ける姿勢や話し方に、ある一定の効果があったと感じていましたが、これらの活動だけで生徒の社会的な能力を向上させ、自分らしく生きていくために必要なことを身につけることができているのだろうかと非常に不安に感じていました。そんな不安を払拭するために、さまざまな書籍や研修会に何度も参加し、実際に指導されている先生の授業を見る機会もありましたが、どうしても悩みは解消することはありませんでした。

　そんな中、作業療法士の実践をインターネットで偶然見つけ、教育側からではない医療的な理論に基づいた新しいアプローチに衝撃を受けました。不登校支援をしてい

る知人に相談したところ、すぐに作業療法士の片岡紗弓先生を紹介していただくことができたのは、本当に幸運なことであったと強く思っています。

3　作業療法士のアドバイスで変わったこと

　片岡先生からのアドバイスで、まず一番に驚かされたことは、授業を受けている生徒の状態を非常に細かく観察されていることでした。

　教師としては、どうしても授業の内容や理解度に焦点を合わせてしまうところがありますが、片岡先生は授業を受けている生徒がどこをみていたのか、どのような表情で話を聞いていたのか、他の生徒との関わり合いがどうだったかなど、表情や行動からその生徒がどのような状態に置かれているかを事細かにメモしていただき、教師がなかなか気づくことができないところも詳しく教えていただけました。このことで授業の計画を立てる時に、その生徒の困り感がどこにあるかを考えることが容易になりました。

　次に、生徒の行動を一つひとつしっかりとほめていただけることです。ただ言葉でほめるだけでなく、拍手やジェスチャーなどを織り交ぜ、ほめられている生徒がうれしくなる工夫が至るところに取り入れられていました。これによって生徒の表情や行動が目に見えて変わり、主体的に活動に取り組むことができるようになっていきました。

　またこれは、授業を計画している教師にも当てはまることであったと思います。授業をする教師は、常にこのままの授業でいいのかと悩んでいます。そんな不安や葛藤の中で、私の出したアイデアや授業案に作業療法士としての目線でアドバイスをもらうことができ、認めてもらうことができる環境は、生徒を支援していくすべての先生に必要な環境であると強く思いました。

　さらに、教師からの発問に生徒が固まってしまう状況など、授業が予定通り進まないときに、生徒の頭の中にある思考や悩みについて分析を行っていただき、アドバイスをしていただきました。それまでは発問をした際に返答がない場合は、答えを考えることができていないのだと思い、すぐに答えを提示することが多くありました。しかし、答えを提示しても、生徒の反応はあまりよくなく、なるほどと思ってくれることは少ないと感じていました。そんな中、片岡先生からのアドバイスで「答えは思いついているが、順序立てて話をすることが苦手で、どこから話せばいいかわからなく

なっている」と聞いた際には、非常に驚きました。それ以来は、発問をしてから返答をするまでに十分に時間をとり、ワークシート形式でプリントを作成し、ヒントカードを参考にして穴埋めができるように授業改善を行いました。

　もちろん、1回の授業で扱える内容は少なくなってしまいますが、授業の質が格段にアップし、それまで人の前で話すことができなかった生徒が、数回の授業で小さい声でも自分のことを発表することができるようになるまで急激な成長をするようになりました。

1年間での変化

　2021年度にバックアップコースで受講をしていたAくんは、4月に初めてコースの授業を受けたときは、自分自身の気持ちを他人に伝えることが苦手で、話を始めるには5分程度の時間が必要になってしまうこともある生徒でした。クラスでも周りの人とうまく話すことができず、悩みを多く抱えていたように感じていました。それを踏まえ、まず初めに授業の最初に、Aくんができるようになりたいことをピックアップしていくことにしました。

　Aくんは、他の人とコミュニケーションをとれるようになり、一人で買い物に行ったり、大好きな映画を見に行ったりしたいと答えてくれました。片岡先生と相談をしながら、簡単なボードゲームを使ってコミュニケーションをとる練習をすることから始めました。ボードゲームから始めるのは、ルールが明確であり、楽しみながら心理的安全性を確保することができるためです。

　最初のうちは、みんなの前で話すことができなかったAくんですが、3か月ほど過ぎたとき、大きな変化がありました。みんなで初めてするゲームのルールブックを読み上げることができるようになりました。さらに、サイコロで出た目のお題に沿って話をする「サイコロトーク」でも、最近見た映画の話やゲームの話をしてくれるようになりました。秋ごろには、みんなの中で話ができるようになり、クラスでのゲーム大会では、初めて会った人とも話をしながら遊ぶことができるようになりました。

　また2022年度については、コロナウイルス感染症対策のため、学校外での実習は制限が非常に強くありましたが、緊急事態宣言が解除された後の11月には、学校を出発して近隣の公園までをスマートフォンのマップアプリを使って移動する授業を行

いました。これまでの経験を通して、Aくんはみんなと一緒にアプリを使って、目的地までの案内をすることができるようになりました。

　さらに春休みには、近隣の大型ショッピングセンターでの買い物実習を行うことができました。それまで1年間一緒に過ごしてきた仲間とともに、先生からのお題の商品を買ってくることができるようになりました。予算内で買い物をするために、現地でお金の計算を行うことができ、店員の方ともコミュニケーションをとりながら商品の位置を確かめることもできました。

　この1年間を通してAくんのコミュニケーション能力は格段に成長をすることができました。自分でしたいことを考えて行動ができるようになり、友だちとも話をすることができるようになりました。

5　今後の活動と岡山校の目標

　1年間を通して実施を進めてきたバックアップコースですが、2022年度も新入生を6名加えた11名で授業を進めました。1年生には、まずは社会で必要なコミュニケーション能力の獲得を目指した授業を実施しています。まずは、片岡先生から教えていただいたアプリケーションを用いて、1年後の目標を目に見える形で整理をしていきました。

　コミュニケーションが苦手な生徒のグループには、ボードゲームやレクリエーションゲームを主体にした授業展開を行いました。比較的コミュニケーションが得意な生徒のグループには、積極的に話ができるような思考整理術やマンダラートなどの目標実現ツールを使った授業展開を行いました。2年生は前年度より継続の生徒が多く在籍しているため、感情のコントロールや表現方法を身につけるためのレクリエーションに切り替えて授業展開を行っています。3年生は、卒業後の進路を視野に入れたコミュニケーション活動や、本人が好きで進めてきたギターを使った音楽活動を取り入れた授業展開を行いました。

　また、前年度は実施することが難しかった、学校外での活動を積極的に取り入れていきました。特に買い物実習や公共交通機関を用いた移動実習、ボランティア活動などを通したさまざまな世代との交流を行いました。今後も片岡先生の協力のもと、さまざまなアプローチや活動体験を生徒に提供していきたいと考えています。

どっこい思春期にも作業療法

教諭と作業療法士による
協働の授業づくり

岡山県
倉敷市

一般社団法人 Lycka till（リュッカティル）

片岡 紗弓（作業療法士）

2016年の岡山県備中県民局協働事業、初めて試みた学童保育コンサルに参加してくれた作業療法士は合計15人。病院で小児に関わっている人たちだった。3グループに分かれ、それぞれ2つのクラブを訪問した。この初回の時から参加していた片岡紗弓さん。学童保育以外の子どもの場にも関心を寄せていらしたようだったので、通信制高校からの依頼をつないでみた。高校での取り組み、作業療法士の意図はどうだったのか。興味津々。

 1 ## 通信制高等学校との出会い

通信制高等学校との出会いは、医療機関に勤めていた時のことでした。人と人とのつながりの中で、ある日「支援学校と一般高校の間のポジションである通信制の緩や

かな課程を活用して、生徒たちが生きていく力を育むコースをつくるにあたり、教諭が作業療法士の助言を求めている」と相談を受けました。現在、通信制高等学校の教諭と一緒に授業づくりを行っています。

真っ先に文部科学省のホームページを開き、高等学校について調べました。高等学校を後期中等教育段階と定義し、生徒の特性として思春期の混乱から脱しつつ、大人の社会でどのように生きるかという課題に出会い、進学や就職といったそれぞれの人生の岐路にたって、葛藤の中で将来を描いていく時期[1]と記載されていました。自分の力量も含め、「通信制高等学校の文化を理解した上で作業療法士としてお役に立てるのか…!?」と、いろいろと不安がありましたが、「まずは挑戦してから考えよう！」という気持ちが勝り、挑戦してみることになりました。

2 協働の授業づくりで知った 通信制高等学校の学校文化

通信制高等学校にはいくつかのサポートとコースがあり、その中の『バックアップコース』に作業療法士として関わり、教諭と授業づくりを行っています。このコースでは、社会生活に必要な知識を実体験にて経験しながら、生徒の"いきるチカラ"をバックアップしています。コース参加者の中には、医学的診断を受けている生徒もいれば、そうでない生徒も在籍しているので、一人ひとり、カラー（様子・行動など）が異なります。1組2〜4人編成で授業を行うため、少人数ではありますが、実質「集団」で進めています。作業療法士として、教諭や保護者、生徒が社会生活する上でできるようになりたい技能を、生活の場で身につけるために、教諭の教育的視点や関わりを通して、実現できる力をもてるようサポートしていきます。そのため、まずは学校の文化を知らねばと思いました。

通信制高等学校での活動を通して、学校文化に触れることができました。まず、生徒数は1学年で70〜80人ほどです。そして、教諭はバックアップコース以外にも対応する業務（学外活動・授業科目・生徒対応など）がたくさんあります。高等学校での取り組みを通して、「教諭はいろいろな業務を抱えている」ことを痛感しました。

授業づくりのために、教諭視点での学校生活の業務を把握すること、学校文化の理解が必要なので、高等学校へ赴いた際には、教諭とのコミュニケーション・掲示物や

年間行事表に目を通すなどをしています。掲示物や年間行事表などを見ていると、通信制高等学校ならではの活動や取り組みにも出会います。例えば、通信制高等学校の文化として、休み時間にボードゲームを用いて友人交流ができる工夫を取り入れていたり、Round1での校外学習をしていたりするなど…。生徒が楽しい！と思える取り組みがたくさん！　これらの学校文化を把握することで、バックアップコースに参加する生徒が学校生活で活躍できる場を提案する手立てにもなります。

③ 活動の引き出しを選択できるように
――授業を作業遂行分析

　バックアップコースは50分間の授業です。2021年度は新型コロナウイルス感染拡大による緊急事態宣言が発令され、学外活動がほとんど行えず、学内授業がメインでした。また、私が医療機関勤務だったこともあり、現地に赴くことができず苦慮していましたが、教諭の柔軟なICT活用によりオンラインでの授業参加が可能となりました。

　新型コロナウイルス感染者が減少している時に合わせて、2021年の11月に通信制高等学校から広場までの道のりを検索し目的地にたどり着く経験を通して、マップの調べ方・使い方を学びました。そして、3月には近隣の大型ショッピングセンターでの買い物実習を通して、商品の探し方・お金の計算・店員への尋ね方を通して、社会生活の技能や知識を体験する機会を授業に取り入れています。

　社会生活の技能を身につけるための授業づくりのヒントとなったのは、Person-Environment-Occupation Model of occupational performance（以下、PEOモデル）です。PEOモデルでは、作業遂行に必要な要素を「人」「環境」「作業」の3つとし、相互作用によってうまくいく状態が成り立ちます。これらの視点を活かしつつ、次ページ表のように授業を分析していきます。左側に、授業や活動内容の【事実】、中央に解釈としてPEOモデルを活用した【捉え方や考え方のポイント】、左側に行動として授業づくりの【アイデア・ヒント】を記載し、教諭が授業作りのヒントを得て工夫を考えられるようにしています。

　授業時には、作業療法士として遠くから生徒と教諭を観察することもあれば、教諭

表）バックアップコース終了後に行う情報共有の書式

日付　目標		アイデア・ヒントを記載	
氏名		1）	
学年		2） 3）	
【事実】 ● 挨拶、出席カードへの記入 ● 活動内容 (本日のスケジュール) ● 行動	【捉え方や考え方のポイント】 ● 人（活動している様子、進み具合など） ● 環境（教室、クラスメイト、先生など） ● 活動内容（1日の活動内容など）	【アイデア・ヒント】 ● 誰が（先生、クラスメイト、本人など） ● いつ（活動中、授業中、など） ● どのような（活動内容、関わり、など）	
「スケジュール」 「様子・行動」	「人」 「環境」 「作業」	「授業活動」 「プランのヒント」 「支援方法」	

から「先生！　きて!!」の合図で授業に参加することもあります。できるだけ、生徒が普段の様子に近い情報を得るために、2、3メートル離れた位置から観察することに徹底しています。生徒の表情・目線・応答などを作業療法士として分析しつつ、学校文化を把握した上での授業づくりのアイデア・ヒントを伝えています。教諭は教育のプロですので、授業づくりの引き出しを多く持ち合わせていることをふまえ、実現可能な活動や方法を教諭が選択できるようにサポートしています。

他の人とコミュニケーションをとれるようになりたい ——一人で買い物に行ったり、大好きな映画を 見に行ったりしたい

　4月に初めてバックアップコースを受講したＡさん。入学当時は保護者から「全般的な生活力（洗顔・歯磨きや遅刻をしない）が身についてほしい」という希望があり、バックアップコースに入ったそうです。はじめに、先生と一緒にＡさんができるよう

になりたいことをピックアップしました。すると、Ａさんは永田先生が記載してくだ
さっていることを選択していました。

　2回目のバックアップコースでは、Ａさんは常に下を向いており、他者と目線を合
わせることはありませんでした。先生が質問した際には、「えっと…あっと…」と言
いながら頭を抱える姿が見られました。先生が「〜ってことを言いたかったのかな?」
と伝えると、「はい、そうです」と返答し、下を向いていました。

　その後、活動として自己紹介を行いました。活動の前に、教諭が事前に用意した自
己紹介カード（名前、誕生日、趣味、好きな食べ物など）を書く時間がありました。
この時、どのような内容を書くとよいのか戸惑う生徒のために、教諭がヒントカード
も用意していました。Ａさんは、ヒントカードを見ながら自己紹介カードを埋め、み
んなの前で発表することができていました。

　この様子から、【頭の中】には考えが浮かんでいるけれども、頭の中で順序立てな
がら、自分の思いを言葉にすることに時間を必要とするのではないか。自己紹介カー
ドを書き写す際に、【考える時間】や【ヒントカードによる視覚的手がかり】があっ
たことで発表することができたのではないかと考えました。

　さらに、発表するなどの役割を全うする力ももちあわせていると解釈しました。こ
れらの様子から、Ａさんの社会性を引き出す授業づくりとして、①考える時間の確保
（発表する時は大人が10秒ほど待つ）、②手が止まった時には手順に気づく声かけを
する、③活動での役割→集団内の交流へつなげていくといったアイデアをお伝えしま
した。

　そして、作業療法士は"していることがうまくいっている状態"も見逃しません。
教諭の生徒への関わりが与えるプラスの影響も紐解き、授業終了後に「教諭の"どの
ようなタイミング"で"教育的介入"があったからこそ、Ａさんの行動は輝いている」
こともお伝えし、教諭が自信をもって教育を届けられるよう意識しています。

　その後、バックアップコースでは教諭がＡさんの行動を引き出せるようにボード
ゲームを活かして、①考える時間の確保、②活動時における役割や他者との交流機会
を実践し、秋学期からは、バックアップコースでの目標を自分で考える機会を取り入
れていました。すると、Ａさんは、自らオリジナルの目標を考え、みんなの前で発表
することができるようになっていました。さらに、興味のある活動では、自ら進行役
に取り組んでいました。

　1年間の振り返りでは、Ａさんから学校や家で「話ができるようになった」、保護者
からは「自分で考えて買い物に行けるようになった」と回答がありました。また、当

初の保護者の主訴であった「全般的な生活力」も変化が見られています。身だしなみは整い、遅刻はほとんどないそうです。

　教諭のバックアップコースでの取り組みが、社会生活の技能や知識となり、生活レベルでの変化が見られていました。これらは、生徒の様子に合わせ、授業内容を検討されていった教諭の教育魂だと思います。

5 これからも挑戦

　1年間を通して実施したバックアップコースは、2022年度も継続しました。2022年度は1年生・2年生・3年生の合計11名がバックアップコースに参加し、新たな形態での授業づくりに取り組みました。2022年度からは、作業療法士が目標設定や優先順位を決める評価として用いるADOC-S（Aid for Decision-making in Occupation Choice for School）を教諭が取り入れ、生徒ができるようになりたいことをピックアップしているのです。

　初年度は、新型コロナウイルス感染症にて学外体験が少なかったため、2022年度以降は学外活動を通して、アクティブコミュニケーション〜社会や人と積極的に関わっていこう〜を目標にしています。教諭と作業療法士による協働授業づくりを通して、社会生活の技能や知識を体験できる活動を検討し、新しいバックアップコースへ挑戦しています。

〔参考文献〕
1）文部科学省：高等学校教育に期待されるもの
　　https://www.mext.go.jp/b_menu/shingi/chukyo/chukyo3/siryo/attach/1325911.htm

オンライン多職種交流会OTIT誕生！

岡山県学童保育連絡協議会会長　糸山智栄

予想以上の展開を遂げている「学童保育と作業療法士（OT）」の連携だが、意図して取り組んだこともいくつかある。

● 学童保育だけにとどまらない

2016年度に岡山県備中県民局協働事業に採択されたが、さらに広めるために翌年度は、岡山市を含む備前県民局協働事業にも応募。「まったく同じじゃ通らないよな」。学童保育コンサルで発揮された作業療法士の力は、他の場面でも活用できるに違いない。根拠があるようなないような自信で「乳幼児の子育て支援」「自立援助ホーム」など年齢を広げてのコンサルを入れ込んだ。やはり思った通りだ。以前からつながりのあったNPO法人に取り組んでもらった。思った通り、思った以上の感謝の言葉をもらった。

協働事業は、3年ぐらいで終わってしまう。モデル事業でとにかくやってもらって早く施策にしなければと、全国展開できる助成金WAMに応募し、採択される。

● 作業療法士が足りなくなるぞ！

作業療法士の関わりが、子どもや支援者にとっていいものだとわかったら、依頼はくる。子どものことができる作業療法士がいない、できない。この展開だけは避けたい。育成だ。もちろん、岡山県作業療法士会でも育成を早くから取り組んでくれた。その一助になれば。呼び水になるようにと、協働事業にもOT同行を盛り込んだ。

そして、設立されたばかりの橋本財団の助成金にも「人材育成」で応募した。作業療法士でもないのに、僭越ながら、子どもに関われる作業療法士育成講座で応募し、採択された。初めてなので、めいっぱい入れ込んで、すごい密度の育成講座を実施した。当時は、オンラインという発想はないから、岡山に集まるのだ。県外からの作業療法士の参加もかなりあったので、嬉しかった。作業療法士側の期待も感じられた。

WAM事業では、宮城と佐賀の作業療法士会が人材育成講座を実施してくれた。ありがたいことに、それぞれ東北、九州の各県に呼びかけ、参加してくれ、さらに地元での実施に取り組んでくれて広がっていった。

● コロナ禍もなんのその

4年間取り組んで、かなりのインパクトがあった。もう一息と思った2020年。新型コロナウイルス感染症が広がった。ああー、ここで止まってしまっては無念と思ったりもしたが、すぐさま、「オンライン」という手段を手に入れた。

すぐに手に入れられたのは、「作業療法士連携」のおかげとも言える。助成金でやろうとしていた講座が中止とは残念だから、オンラインでやってみたいと言ってくれた人がいた。さらに驚くことに、手間のかかる「ハイブリッド」だった。見事にやりきり、ちょっとオンラインを経験してみたいという、いろんな職種の人が参加してくれ、自信を得た。もうこれは活用するしかない。使えばつながり続けられそうだ。使うぞ。参加してくれる作業療法士さんはいませんか？　ここから毎週火曜日夜のOTITが始まり、まもなく200回を迎える。

Part 2

放課後の子どもたちを
支える制度
——障害児の放課後と放課後児童クラブ（学童保育）

　地域で信頼されるには、制度上の仕組みなどにも精通しておく必要があると思います。「少年老い易く学成り難し」といいますが、絶えず情報をアップデートしておかないとすぐに立ち遅れてしまいます。そもそも地域では、事情に詳しい人を長老などといって敬ってきましたが、今では何かわからないことがあるとみんなスマホやAIに聞くようになってしまいました。

　私たちは、教科書的な知識に、そこの地域ならではのローカルな情報を加味して、打てば響く作業療法士になりたいと思います。

小林隆司

学童保育は、法律上は、「放課後児童健全育成事業」と呼ばれ、障害のある子どもも含め、放課後や土曜日、長期休業中の子どもたちの生活を支えています。また、長年の保護者の願いが実り、「放課後等デイサービス」「日中一時支援」などの、障害のある子どもを支える事業もさまざまに実現しています。根拠となる法律も違い、地域差もある放課後を支える事業について、基本的なことを佐々木将芳先生に教えてもらいます。

佐々木将芳（静岡県立大学短期大学部）

社会福祉士をベースに大学院時代から、地域で発達相談に関わる。社会福祉士の一般養成校教員を経て、現任校では、社会福祉士と保育士の養成に関わる。実践現場と関わりながら、発達支援の領域を中心に学齢期の障害児が地域で暮らしていくために必要な制度や実践を研究している。全国学童保育連絡協議会発行の『日本の学童ほいく』2020年4〜9月号に「障害のある子どもの理解を深める」を連載。同会主催の全国学童保育研究集会では「地域の専門機関・専門職等との連携」の講師を務める。また自身も学童保育を利用する保護者の立場も経験している。

● はじめにひとこと──専門職連携とは

　そもそも「発達相談」という業種が、あまり耳慣れない仕事かもしれません。関東や関西の一部地域では、心理職が発達相談員という形で、1歳半健診、3歳児健診、保育所、就学前、就学時健診などで保護者や現場の先生たちをサポートしています。しかし、これはごく一部の取り組みであり、全国的に進んでいる状況ではありません。私の地元では、独自に「発達相談員」という形で、心理職を非常勤で雇用し、地域の障害児施設の発達相談や保育所などの巡回を行っており、私もこのように活動してきました。

　その中で、保育所や障害児施設に作業療法士や言語聴覚士が入っているところもあり、連携しながら仕事をしてきました。心理職の私が、発達相談で保護者や保育士のニーズを聞き、子どもたちに対して新版K式発達検査を行い、普段の保育や療育からその子の育ちの解釈をして、そこから作業療法士や言語聴覚士を交え、保育士さんとともに具体的な関わり方や活動をどうつくっていくかを考えました。それを現場で実践し、フィードバックしてもらい、半年後に再び、検査や療育の姿から評価し、みんなで検討するというサイクルを回してきました。単発で支援に入る場合もありますが、

「チームでちゃんとつくっていきましょう」という意識をもって続けてきました。

　また、子どもにとっては、学校も、家庭も、学童保育や放課後等デイサービスも、それぞれが生活の一部です。その生活を1日や1週間の流れといった全体からとらえて、それぞれの活動の場でどう考えていけばいいのかということを研究としています。その中で、その場ごとにさまざまな専門職がそれぞれ奮闘している姿を知っています。しかし、その連携がまだまだ十分に進んでいないもどかしさも痛感しています。それらがつながり、子どもたちの幸せにつながることを願っています。

〔参考〕
※「新版K式発達検査」は1951年に京都市児童院において嶋津峯眞や生澤雅夫、中瀬惇らによって開発された発達検査です。その後さまざまな改訂と拡張が繰り返され、現在は新版K式発達検査2001の改訂版（再標準化）である「新版K式発達検査2020」が最新とされています。 この検査の適応年齢範囲は、生後100日〜成人まで可能となっています。検査に係る時間は15〜60分程度で、1対1（検査者と被検査者）の個別式検査です。

1　障害をもった子どもたちの放課後の制度は重層的

Q　障害児が利用する制度の全体像を教えてください。

A　まず、厚生労働省が示している障害児支援に関しての制度の枠組みを示します（次ページ参照）。

● **行政は3段階で、重層的に支援する。**

　横軸は年齢で、0〜18歳まで、就学前から成人するまでです。縦軸は担当行政単位です。一番上が都道府県で、一番下が身近な市町村です。真ん中は、「障害保健福祉圏域」と呼ばれる保健・福祉領域で設定されている枠組みです。それぞれの層ごとに役割が違い、行政の支援は重層的に行われています。

　都道府県の役割は、児童相談所や発達障害者支援センターなど、直接的な支援への「バックアップ体制をきちんとつくる」ことです。

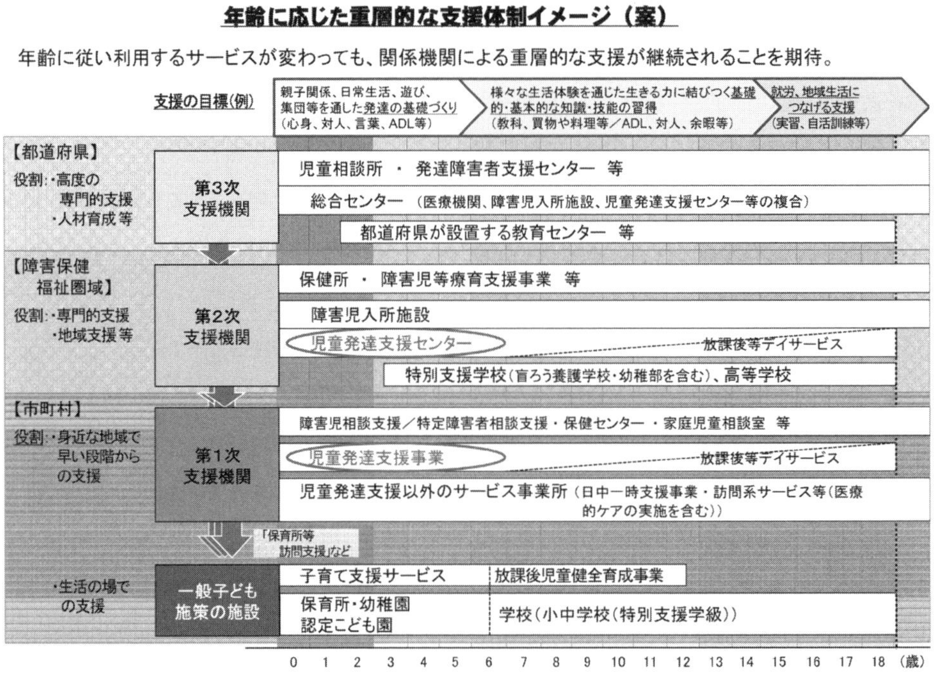

年齢に応じた重層的な支援体制イメージ（案）

年齢に従い利用するサービスが変わっても、関係機関による重層的な支援が継続されることを期待。

図1）障害児にとっての学童保育

出典：厚生労働省

　それに対して市町村は、実際の具体的な子どもたちへのサービスに責任をもち、相談支援に関する指定や直接の支援事業を実施します。障害をもった子たちに向けた仕組みとして、幼児期の児童発達支援や障害児施設、学齢期の放課後等デイサービスの設置、運営や支給の決定、それ以外にも障害者福祉サービスの中で必要な障害児向けの支援の実施などがあります。

　一般的に具体的な施策は、都道府県と市町村という行政機関が主となって実施するわけですが、障害保健福祉に関しては、その中間的な枠組みとして人口30万人程度ごとに「障害保健福祉圏域」が設定されています。これは、市町村では規模的にも財政的にも厳しいような部分を担っています。都道府県はひとつの圏域の中に、児童発達支援センターや障害児入所施設が最低1か所以上はあるようにするなどの障害福祉サービスの地域的な偏りを減らし、バランスよく配置する役割を担っています。

　その他、「障害保健福祉圏域」では、保健所の設置、運営や「障害児等療育支援事業」の実施により、各施設をバックアップしていく事業も行っています。私も障害児等療育支援事業の委託を受けている施設から、スーパーバイザーとして依頼され、年に10回程度、地域の保育所等を訪問し、事例検討会などを通してサポートしています。

● 市町村は、一般施策に障害児を受け入れる役割ももっている

同時に、市町村はすべての子どもたちに向けた一般の子ども施策で、きちんと障害をもった子たちの受け入れを進めるという役割ももっています。

たとえば、学童保育（放課後児童健全育成事業）の実施主体は市町村ですから、障害をもった子どもに、学童保育を提供していくのも市町村の役割です。日中の主たる活動場所としての保育所や幼稚園、認定こども園についても、障害をもった子たちの積極的な受け入れを促進する役割も市町村にあります。

小・中学校の設置義務者は市町村で、特別支援学校の小中学部と高等学校の設置義務者は都道府県ですが、小中学校に障害児学級（特別支援学級）の希望があれば、設置して、適切な環境整備に努めるのも市町村の役割です。障害をもつ子どもに対する行政の三段階の支援の仕組みと、市町村がやるべき一般施策での事業、たとえば「放課後児童健全育成事業」での障害児の受け入れ推進の仕組みを組み合わせながら、障害児支援を実施する必要があります。

この全体像を理解した上で、専門職から言えば、直接的に自分たちがアプローチしていく部分はどこか考えてみましょう。逆に現場の側からは、どこに専門的な機関があって、どんな専門職（作業療法士、言語聴覚士、心理職等）がいて、定期的なアドバイスをしてくれる事業があるのかを知っておくことが重要です。

2 放課後等デイサービス・学童保育、ともに児童福祉法による事業

Q 放課後等デイサービス、放課後児童健全育成事業について教えてください。

A 成り立ちの経緯はそれぞれ違いますが、ともに児童福祉法に位置づいています。

それぞれ、「放課後」を冠している「放課後等デイサービス」と「放課後児童健全育成事業」とはどんな事業なのでしょうか。まず、居場所としての二つの事業の仕組みを確認し、特徴を理解しましょう。

① どちらも、児童福祉法を根拠として行われている事業です。

〔放課後等デイサービス〕

　障害をもつ子どものみに活用できるのが、放課後等デイサービスです。児童福祉法の第6条の2に規定されています。放課後等デイサービスの内容を法令に従って、見てみましょう。

　対象は、学校教育法第1条に規定する学校に就学している障害をもつ子どもです。いわゆる「一条校」と言われるところです。小学校、中学校、高校、または高等部をもつような専門学校などに通っている子どもたちが対象です。これに沿って考えると、高等部の規定がない専門学校に通っている15歳以上の子たちについては、現状では曖昧です。制度上は中学校の障害児学級や特別支援学校の中学部を卒業して、その後進学しなかった15歳から18歳の子どもたちは、放課後等デイサービスは利用できない状況になっています。学校教育法上の学校に就学していることが条件になっているからです。この部分は、多くの矛盾があり、次の児童福祉法改正で改定されて、放課後等デイサービスが利用できるようになるという方向です。

　目的は、学校の終了後または休みの日に、児童発達支援センター、その他の厚生労働省令で定める施設指定基準に則った施設に通わせて、生活能力の向上のために必要な訓練と社会との交流の促進、その他の便宜を与えることを目的としています。

〔放課後児童健全育成事業（学童保育）〕

　「放課後児童健全育成事業」が法令上の名称です。一般名称としては、放課後児童クラブや学童保育と呼ばれています。こちらは、児童福祉法の6条の3に規定があり、

表1）子どもたちの生活の場をどう考えるか

・学齢障害児にとっての放課後、学校外の生活は大きく分けて2つの制度で成り立つ	
①児童福祉法	放課後等デイサービス（第六条の二の二　4）
	放課後等デイサービスとは、学校教育法第一条に規定する学校に就学している障害児につき、授業の終了後又は休業日に児童発達支援センターその他の内閣府令で定める施設に通わせ、生活能力の向上のために必要な訓練、社会との交流の促進その他の便宜を供与することをいう。
	放課後児童健全育成事業（第六条の三　2）
	小学校に就学している児童であって、その保護者が労働等により昼間家庭にいないものに、授業の終了後に児童厚生施設等の施設を利用して適切な遊び及び生活の場を与えて、その健全な育成を図る事業

「小学校に就学している子どもであって保護者が就労労働等によって昼間家庭にいない場合について、学校授業の終了後に児童厚生施設等の施設を利用して適切な遊びおよび生活の場を与えてその健全な育成を図る」となっています。

② 事業の違いを理解しよう。

　放課後等デイサービスと学童保育というのは、いくつか大きな違いがあることを理解しておく必要があります。

　一つ目は、対象年齢が違います。放課後等デイサービスは、就学している障害をもつ子どもであれば利用できます。それに対して、学童保育は「小学校」に就学している子どもになるので、年齢の上限が違います。放課後等デイサービスは、小学校入学から18歳で高校を卒業するまでの子どもたちが利用できますが、学童保育は12歳で小学校卒業までの子どもたちの利用ということになります。

　二つ目は、その利用の条件です。学童保育は、基本的には保護者の就労保障という位置づけになっているので、学童保育を利用する場合には、保護者が働いているという前提が必要になってきます。ただし、厳密に就労証明書の提出をもって、利用ができるということではなく、保育所の利用と同様で、就労などに類する状況であれば、利用の対象になる場合もあります。たとえば、保護者が病気を患ってその静養のために、家にいても、子育てができない、他の家族の介護等があってそちらに時間を割かなければならない、また、保護者が、何か資格取得のために学校に通っていて、働いていないけれども、家に昼間いないという場合でも利用条件としては認められる可能性もありますが、基本的には「労働などによって日中子育てをできない」いうことが、学童保育の利用条件になります。これに対して、放課後等デイサービスは、保護者の就労等の条件というのはなくて、「子どもの育ちにとって、家庭以外の場所での放課後の時間が必要」ということがあれば、支給の決定がされます。

　活動場所についての条件もかなり違います。学童保育は明確な最低基準がほぼありません。放課後児童クラブガイドラインで「子ども1人当たり1.65㎡が以上望ましい」とされている程度です。放課後等デイサービスは、事業を実施するための指定基準があり、必要な機能をもった場所を設置し、面積基準についても比較的しっかりと規定がされています。障害をもつ子どもたちに向けてというところにきちんと焦点当ててやっているので、不十分ですが、仕組みとして規定があります。また、「社会との交流の促進」が重視され、目的にも明記されています。

表2）放課後等デイサービスと学童保育の違い

		学童保育	放課後等デイサービス	
人員基準	・放課後児童支援員	・支援の単位ごとに2名以上（ただし、1名を除き補助員に代えることができる）	・保育士または児童指導員	・10名以上に対して2名以上 ・10名を超える時は5人増すことに1名以上
			・児童発達支援管理責任者	・1名以上（常勤、専従）
			・その他の職員（OT・PT・ST・心理職等相当職員）	・必要に応じて
			・管理者	・（兼務可）
設備基準	・遊び及び生活の場としての機能並びに静養するための機能を備えた専用の区画 ・支援の提供に必要な設備及び備品等を備えること	1.65㎡以上／人	・指導訓練室 ・支援の提供に必要な設備及び備品等を備えること	2.47㎡以上／人を目安

③ どちらも保護者や関係者の願いから実現

　障害児の学童保育や放課後の問題は、長年、課題としてあがっていました。学童保育の側からも提起されてきました。障害をもつ子どもの保護者や特別支援教育に関わってきた先生たちも、長い間、放課後の居場所を制度化していきたいと運動に取り組んできました。特に長期休暇期間などは、長い期間家庭の中で子どもたちが過ごすことになります。学校でいろいろと関わりをもち、成長してきた子どもが休みの間、家の中にずっといることによって、新学期にまた以前と同じような状況で学校に戻ってきてしまう。きちんと目標をもってやってきたのがもとに戻ることに葛藤を抱えた先生たちが、長期休暇中も友だちや外との関係性の中で、育ちを保障したいと40年近く取り組みをしてきました。

　そうした中、2003年に障害児者福祉制度が変わった時に、「児童デイサービス」という名称で、小学校6年生までの子たちが学校が終わった後や長期休暇中に通える仕組みができました。ちょうど制度ができて20年経ちました。そして2012年に「放課後等デイサービス」と名称が変わり、社会との接点の中でいわゆる「インクルーシブの視点」から、子どもたちがその障害の特性に配慮された形で適切な支援を受ける場所として運営されてきています。

　学童保育は、「保護者の就労」という利用条件の限定はありますが、そもそも、障害をもつ、もたないに関わらず、すべての子どもが同じ場所で生活をして、いろんな経験を積んでいくという成り立ちです。1997年に法制化（児童福祉法改正）され、遊びや生活の場所と明記され、実施されています。

この違いを前提として、それぞれのご家族の状況や子どもの年齢、または地域の社会資源の配置の状況などに応じて、放課後等デイサービスを選ぶお子さんがいたり、学童保育を必要とする子どもがいたり、この二つを併用しながら、平日の放課後は学童で過ごし、土曜日や長期休業中の長時間生活は、放課後等デイサービスを利用するというようなケースもあると思います。

3　児童福祉法以外の仕組みもいろいろある

Q　その他に放課後に使える仕組みを教えてください。

A　障害をもつ子どもが放課後に使える仕組みがいろいろありますので、簡単に紹介します。

●「介護給付」（障害者総合支援法）の「居宅介護」・「行動援護」・「ショートステイ」

　在宅の障害をもった大人に向けた仕組みの中でも、障害をもった子どもたちが利用できるものもあります。障害者総合支援法の「介護給付」の一部です。居宅介護（ホームヘルプ）は、ホームヘルパーが訪問して、在宅生活をサポートするもので、行動援護は重度の自閉症や知的障害、子どもは少ないですが統合失調症等の精神障害で、一人で外出することが難しい人たちにヘルパーがついてくれて一緒に外出するというものです。学童保育を利用している子どもの中にも、障害の内容によっては、プールや図書館、どこかに遊びに行きたいと言った場合に、この行動援護を利用している子がいるかもしれません。

　ショートステイは、短期入所のことです。これは、レスパイト（家族のリフレッシュ）という目的もありますし、家族が急な宿泊を伴う外出が必要になり、子どもの同行が困難な場合に、一時的にお子さんを預かり、子どもの生活を支えるという事業です。

●「地域生活支援事業」（市町村事業）の「移動支援」「日中一時支援」

　市町村事業の地域生活支援事業の中で、先に紹介した行動援護の対象ではない子どもたちに対して「移動支援」という外出支援があります。また、「日中一時支援」という放課後等デイサービスと似たような形の預かり的な事業もあります。わかりにく

いのですが、放課後等デイサービスや前段で述べた「介護給付」というのは、「個別給付」といって、市町村が利用した個人に対してその支給の可否を決定し、実際の利用実績に対して、事業所に費用保障するという仕組みです。そして「地域生活支援事業」は、地方交付税で交付され実施内容は各自治体に委ねられています。日中一時支援事業は、学齢期の子どもや成人した人たちも含めて、「ちゃんと居場所づくりをしましょう」という願いの中で仕組みになった側面もあります。

　学齢期の子どもたちは、放課後等デイサービスや学童保育という具体的な場所の提供と、そこを埋めていくような形での個別支援のさまざまな仕組みを組み合わせながら、毎日の生活を組み立てています。

表3）障害者総合支援法

> **介護給付による支援**
> ・居宅介護（第五条　2）
> 　自宅での入浴、排せつ、食事での介護等
> ・行動援護（第五条　5）
> 　自己判断力が制限されている人が行動するときに、危険を回避するために必要な支援や外出支援
> ・短期入所（第五条　8）
> 　自宅で介護する人が病気の場合などに、短期間、夜間も含め施設で、入浴、排せつ、食事の介護等をうける
>
> **地域生活支援事業（第七十七条）での支援**
> 　・移動支援
> 　　円滑に外出できるよう、移動支援
> 　・日中一時支援

④　仕組みを支える間接的な支援もある

Q 保育所等訪問支援事業などについて教えてください。

A　活動場所の提供や預かり的な支援以外に、相談等を含めた間接的な支援の枠組みがあります。

● 保育所等訪問支援

　保育所等訪問支援は、子どもが集団の中でうまく過ごせているか、専門職が訪問し、その現場のスタッフを支援する事業です。保育所だけに限定されていません。保育所等訪問事業の実施事業所と保護者が契約をして、専門職を保育所等の子どもの実際の生活の場や通っている場所に派遣していく仕組みです。各自治体によって、保育所等訪問支援を提供している施設や拠点はさまざまです。

　実際に現場の支援をするためにこの「保育所等訪問支援」の枠組みを使うように提案されますが、そもそも実施している事業所がなければ、接点をもてないということになります。どう事業所や専門職を広げていくのかも課題です。また、必ずしもこの保育所等訪問支援を開設したからといって、定期的に一定の人数の利用があるかどうかは未知数で、利用者側にも、この仕組みがきちんと伝わっていないのが現状です。個別給付なので、現場の支援者側にとって、"気になる"子どもや、障害の認定を受けてはいるが保護者は特に支援を求めていない場合は、使いにくい仕組みです。事業所側としても、開設すると専任の職員を1人以上配置する必要があり、人件費の都合もあって、積極的に実施する動機が生まれにくいということも含めて、まだまだ数が少ないのが現実です。

　また、「保育所等」とついているので保育所が主な派遣先なのかと誤解を生みます。実際、国としては、小学校や中学校も対象ですし、幼稚園も学童保育も当然その対象に入っているという通知も出ています。名称の印象が与える影響が大きく、利用が伸びていません。これは、他職種や専門職が積極的に現場へ介入するきっかけになるものだと思うので、利用が増えてくれることを願っています。

表4）相談支援体制

①保育所等訪問支援（個別給付）	市町村
②障害児等療育支援事業	都道府県
③巡回支援専門員整備事業	市町村
④家庭・教育・福祉連携推進事業	市町村

　教育・福祉の連携を強化し、障害のある子どもと家族の地域生活向上を図るため、
　家庭、教育・福祉をつなぐ「地域連携マネジャー」を市町村に配置し、
　①教育と福祉の連携を推進するための方策
　②保護者支援を推進するための方策
　等の連携を実施

● 障害児等療育支援事業

　都道府県が実施している「障害児等療育支援事業」というものもあります。非常に利用しやすいものです。保育所等訪問支援事業のような個別給付ではなく、障害保健福祉圏域ごとに実施拠点施設へ委託して、さまざまな支援の仕組みをつくっていく形です。巡回指導や事例検討、ペアレントトレーニング、地域の保護者会の組織化なども実施しています。比較的自由な企画ができ使い勝手はよいのですが、受託する施設の専門性によってやり方が違ってきます。成人対象の施設がこの療育支援事業を受託する場合もあり、子ども分野が手薄になってしまうこともありますので、受託先がポイントになっています。しっかりした大きな法人が受託していれば、地域の中ですでにつながりがあり、人材面でも多彩で専門的なアプローチも可能です。心理職やソーシャルワーカー、リハビリ職など、多くのカードから現場のニーズに合わせて人を派遣することができるかもしれません。

● 巡回支援専門員整備事業

　市町村が実施する事業です。特に発達障害をもつお子さんたちやそのご家族へのサポートとして、この巡回支援専門員の整備事業が実施されています。派遣されている専門員は、障害児保育を長年経験してきたような保育士や障害児施設で療育にあたってきた保育士、学童保育のベテラン指導員で、管理者経験もあるような人が多く、保育所や学童保育のスタッフのバックアップや保護者を組織化したりしています。他の職種や直接支援をしている職種以外の人が入ることはまだ少ないところではありますが、この専門員の枠組みをしっかり広げていって、それ以外の職種の人たちも含めて、チーム体制を組んでいくことができれば、非常に使い勝手のいいものになっていくかと思います。

● 家庭・教育・福祉連携推進事業

　最近始まったのが、文部科学省と厚生労働省が一緒に行っている「家庭・教育・福祉連携推進事業」です。これから整備されていくと思いますが、家庭と教育と福祉をきちんとつないでいくためのマネージャーを配置し、連携のための仕組みをつくるという形になっています。各自治体が、どういった職種が子どもに関わる人材として存在するのかをしっかりと理解してもらえると、放課後であれば、放課後児童支援員以外の人たちも子どもたちに関わっていくことができるのではないかと思っています。

脆弱な学童保育の現実を知っておく

Q 学童保育についてもう少し教えてください。

A 放課後等デイサービスと比較しながら、学童保育の様子をみていきましょう。放課後等デイサービスも十分とはいえませんが、障害をもつ子どもにとって学童保育は驚くほど脆弱です。また、地域差、クラブ差も大きいので、ここでお伝えする全体像を把握したうえで、個別の事情も知っておく必要があります。

● 人員配置

放課後等デイサービスと学童保育の違いについて、その指定基準を確認しておきます。

人員基準と設備基準について、法律上の規定を示します。

学童保育は、「放課後児童支援員」という名称の資格をもった人を「1支援の単位」に最低1人を配置しなければなりません。放課後児童支援員は、基本的に2人以上の配置となっていますが、最低1人の配置で、2人目は、補助員の配置でも可能ということになりました。国の基準は各自治体に参酌化されましたが、市町村の規定は2人とも放課後児童支援員で大半が維持されています。この「放課後児童支援員」は、一定の経験や基礎資格をもっている人が、都道府県が実施する16科目24時間の放課後児童支援員資格認定研修を受講して取得します。

放課後等デイサービスは、子ども10人に対して、保育士または児童指導員を2人以上の配置し、10人を超えるごとに1人以上をさらに追加して配置しなければなりません。学童保育は、「放課後児童支援員」という認定資格ですが、放課後等デイサービスは、保育士か、児童指導員です。児童指導員は任用資格ですが、大学等で指定した科目を修めた上で卒業するか、児童福祉に関して、5年以上の現場経験が必要とされています。

● 運営面

運営（経営）面のことを押さえておく必要があります。

学童保育は月単位の月額報酬ですが、放課後等デイサービスは日額報酬なので、事業所運営の資金確保が厳しい状況があります。たとえば、インフルエンザなどで子ど

もが1週間休んだ場合、学童保育の報酬は変わりませんが、放課後等デイサービスの場合は、休みの分の収入はゼロになってしまい、事業所運営としては、非常に大変です。定員が10人ならばそれを埋めておかないと運営上のリスクが高く、登録人数を大きくして、欠席が出たら当日の利用を誘い枠を埋めていくようなことをしているところも多くあります。そのため、集団の形成がしにくいという弱点があります。

　たとえば、学童保育のような大集団がしんどい子どもにとっては、放課後等デイサービスの利用者数が少ない日を狙って利用するという形で居場所をつくりたいと願いますが、現実としては、子どもの人数を確保するために、多くの利用者数を確保した上で、その人数の中で、それぞれの利用できる日数分を頭割りしており、「うちの事業所は1週間に2回までの利用でお願いします」という形もあり得ます。結果として、子どもたちが不定期に通ってくる形になってしまい、友だち関係をつくるというよりは、その日一日をその子の好きなことだけして過ごす、という形の支援をやらざるを得ないという事業所が実際多いのも課題です。

● 職員配置

　放課後等デイサービスが学童保育と大きく違う点には、職員配置と役割が明確になっていることがあります。児童発達支援管理責任者（児発管）1人以上を配置し、保育士または児童指導員が現場のケアにあたります。児発管は、施設長に類するような役職で、個別支援計画の責任をもつ人です。放課後等デイサービスでは、個別支援計画の作成が必要で、その事業所を利用するにあたって、目的や提供する活動について事前に計画を立て、保護者が同意をした上で実施します。また、その他の職員として、心理療法担当職員や作業療法士、言語聴覚士なども配置ができ、この専門職も保育士または児童指導員と同じようにカウントされます。障害をもつ子の放課後なので、何かしらの専門的な訓練だろうという考えからか、専門性を担保するために専門職配置の加算の仕組みがつくられています。私は単に、専門職の配置だけで専門性が成り立つと考えるような、こうした仕組みは安易な発想だと感じます。

　学童保育については、こうような細かい規定がありません。「就労」を重視して、放課後の子どもたちの遊びを支援するということで、比較的柔軟な配置基準になっています。ただ、学童保育でも、専門性を担保するという意味において、指定の研修が求められています。ここで注意したいのは、配置基準や専門職の違いで、どちらかのレベルが高いという意味ではなく、制度の目的に合致させるために放課後等デイサービスは規定されているものであることと、学童保育は柔軟さに非常に富んだものであ

るという差が出てきていることを知っておくことが大切です。

● 設備基準

　職員配置の基準と同様に、設備基準も放課後等デイサービスの方がより厳格で具体的です。指導訓練室や相談室が必要とされ、指導訓練室については、子ども1人あたり2.47㎡以上を目安として、放課後等デイサービスガイドラインに示されています。

　学童保育については、遊びや生活の場所としての機能と静養するための機能を備えた専用の区画を設け、必要な設備や備品を備えることとなっています。ここで問題なのは、この広さの目安が子ども1人あたり1.65㎡以上ということです。実際、全国学童保育連絡協議会の調査では、のべ床面積を登録児童数で割ると2.3㎡程度となります。あくまでのべ床面積ですから、専用区画の広さではないことを勘案すると、非常に狭い状況だと思います。放課後等デイサービスでは2.47㎡を目安としているにもかかわらず、学童保育はそれよりも狭い基準しかありません。特に障害をもつ子どもを含む集団の場としては不十分だと私は指摘し続けています。

　保育所は、最低1.98㎡必要ですが、小学校に入り身体も大きくなり活動も広がる学童保育になると、なぜか急に1.65㎡という狭さになってしまいます。あきらかに子どもに無理をさせている基準です。学童保育は、遊びを中心として、多様な活動で支援をしていますが、それを実施する場所が保育所よりも狭いという矛盾を抱えています。学童保育の指導員が子どもへの関わりにおいて非常に難しさを抱えてしまう背景として、「環境」の問題は非常に大きいと思います。環境の問題にきちんと手をつけていかないと改善しないでしょうし、逆に、環境を整えれば改善する部分は大きいと言えるかもしれません。

　また「放課後児童健全育成事業」という法定名称のものを一般通称として、「学童保育」とか「児童クラブ」と呼び、保護者が就労していることを条件した上で、「学校終了後や長期休暇に子どもに適切な遊びや生活の場所を与える」ことが目的になっている事業ですから、障害をもつ子どもにとっての「訓練」や「療育」を中心とした場所ではなく、子どもたちの「育ちを支える場所」だということを理解してほしいと思います。

● 学童保育では、どういう資格や経験をもつ人が働いているのか

　直接、支援に関わっている職員について、簡単に説明します。

　学童保育の人員基準は、「放課後児童支援員」の資格保持者を「支援の単位」ごと

に最低1人以上配置するのが条件です。では、放課後児童支援員とはどんな人たちか、「放課後児童健全育成事業の設備および運営に関する基準」に沿って確認します。放課後児童支援員は、都道府県や市定例指定都市、中核市の町が行う「放課後児童支援員資格認定研修」を修了した人たちです。また、研修を受けるには、以下の基礎的な条件が付されています。

大学の学科を卒業し、保育士や社会福祉士、教員免許をもっている人（児童指導員の任用資格に該当するとも言えます）、または、大学院で同じような課程を修めた人や海外の大学でも同様の条件にあたる人です。そして、高校等を卒業した後2年以上、放課後児童健全育成事業に類似する事業に従事した人も該当します。あとは、学歴は問わないで5年以上学童保育で働いた経験があり、市町村が適当と認めた人についても、この研修を受けることができるとされています。

この要件の課題は、それを受けるためのバックボーンが非常に多様なことです。たとえば、大学で教員免許取得という形であれば教育実習を経験したり、極端な例として教育原理を学んだり、それなりに子どものことを理解されていると思いますが、芸術系の学部でその道を極めた人も要件を満たすことになるので、子どもに関する知識が十分でなくても、「放課後児童支援員」の資格を取得可能になっています（ただし、間口がかなり広くなっていますが、医療系は対象になっていません）。

実際に、専門職として現場で関わってみると、とても話の通じる支援員さんもいれば、ちょっと見方が違うなという方とも出会います。放課後児童支援員のバックボーンの幅が非常に大きいので、私たち専門職が関わる時に、接点をどうつくるか、会話の共通点を探る難しさがあることを理解しておくとよいと思います。おそらく指導員同士でも、それぞれのベースになるものが異なっていると、なかなか子ども理解を進める際の共通点を見出すのが難しいというケースもあると思います。自分たちの考えのベースになっている一番の柱が何なのかをお互いに知っておくと、それぞれの子どもを見る視点がわかって、具体的な子どもの行動理解が進むかもしれません。

2022年の厚生労働省のデータによると、学童保育に配置されている職員は18万2,577人です。その中で、放課後児童支援員として配置されている人が10万677人です。この10万677人の中で、研修を収めた人が9万6,075人となっています。資格認定研修の1回の受講者数に上限があるので、受講が追いついておらず現状、未受講で、近いうちに研修を受けるということで、一定の期間は市町村が「みなし」として、働いている人が含まれています。受講完了が9万6,075人で、残り6,602人は近いうち受講するという人です。それ以外に、「補助員」と呼ばれる研修を受けてない人た

ちも7万人ほどいます。一定の研修を受けていろんなものの見方を吸収してきた人たちもいれば、これまでの自分の子育て経験や保育所、学校などで子どもを見てきた人もいるということです。

放課後児童支援員になるための基礎的な資格の状況は、児童福祉事業に従事した経験者が3割、保育士や教員免許の保有者が2割強で、実務経験で支援員の資格を取る人たちが一番多いのです。それが悪いということではありませんが、子どもとの関わりにおいて、自分の経験をベースにして捉えていくところが中心になってしまうことが多いかもしれません。

専門学校や大学などでいろいろと専門的な知識や技術、根拠をもって理解するという学びのプロセスを経験し、トライアンドエラーしながら科学的に学ぶ経験の有無により、専門職が発する言葉の受け取り方に差が生じることもあります。他者によるアドバイスが、自分たちの経験を否定されているように受けとめてしまうケースも出てきます。これまでの経験を尊重した上で、「さらに新しい子どもの見方をしていくためには、こういう捉え方も考えられますね」と、言葉を選びつつ、丁寧に伝えていく必要があります。このあたりの多様性が学童保育のおもしろさでもありますが、外部の人間が関わっていく時の難しさでもあります。

● 運営主体

学童保育は、運営主体や実施場所もまた非常に多種多様で、わかりにくい部分があります。運営主体としては、公設公営が全体の4分の1で、公設民営が2分の1、民間での運営が4分の1になっています。また、行政が建物を建てますが、運営するのは民間という、委託や指定管理での実施も多く、社会福祉協議会や地域の社会福祉法人が複数の学童保育の運営を受託しているケースもあり、さらに近年では営利企業の参入も増えています。

ですから、外部から専門職が入ることひとつをとっても、その決定が簡単だったり難しかったりするわけです。専門職のサポートがほしいと現場の職員が思ったとして、保護者会運営や社会福祉法人運営で、1法人で1クラブだと、こういった意見や案がスムーズに実施できたりします。しかし公設民営だと、予算の問題や専門職のサポート方法の調整に手間取ったりします。全体の4分の3の学童保育は、こういったことから専門職連携も含めて、なかなか新しいことに取り組みにくい状況もあります。だからと言って、この4分の3が問題なくやっているかというと決してそうではなく、むしろ、こちらのほうが制度が硬直化している分、指導員たちが苦労している場合も

あります。保護者や子どもの状況に応じて職員たちが試行錯誤しやすい学童保育は、運営面や職員の処遇的に厳しいところもあるでしょうし、逆に枠組みが整ってしまうとそれはそれで柔軟さがなくなって、スピーディには動けなくなる場合もあり難しいところです。

● 財政

　費用負担としては、原則としては保護者が半額を負担し、残りを国、都道府県、市町村が負担する仕組みです。子ども子育て支援制度からの支出となっていますが、保育所等の負担に比べ、学童保育の保護者負担は大きい状況です。保育所等は保育料の無償化で、保育料はかかりませんが（所得の上限はあります）、学童保育は、先述したように保護者の負担はあります。公立の学童保育だと2分の1負担の一部をさらに市町村が負担し、実質的な保護者負担は民営に比べると低い場合もあります。地域間格差もですが、運営主体によって大きな差があるという状況も考えなければなりません。

　障害をもつ子どもが学童保育を利用する際に、費用負担でもこうした市町村の状況によって利用のしやすさに差がありますし、その子にとって学童保育が居心地のいい場所になるかどうかについても、利用してみて初めてわかるという状況が構造的にできてしまっています。そもそも学童保育は、就労している保護者たちの運動からつくられてきたものです。保育所は、子どもの最善の利益、子どもの幸せを願って、最初から児童福祉法の中に位置づいていましたが、学童保育というのは、まず「学校」があって、放課後の時間まで公が責任は負えないという部分がありました。戦後の経済構造の中で、専業主婦の呪縛や子育て神話が強く、両親とも働いている状況があまり目立たず、学童保育が制度化されるまでにとても時間がかかってしまいました。1997年に法制化されるまで、市町村の独自補助や国の単年度補助のみで、ほとんどの費用を保護者が負担してきました。毎月バザーや物品販売を行って、職員の給料を払い、保護者自身も自分の働いたお金のほとんどを保育料として学童保育に入れていくというようなことをやりながら、自分たちの自己実現や子どもたちを育ちのために学童保育を守り続けてきたところがあります。

● 登録児童

　次に、学童保育の登録児童の内訳を簡単に見ておきたいと思います。連携をしていく時に、学童保育の現状を知っておくことが重要だと思います。

年齢層としては、小学校3、4年生までが大半を占めています。5、6年生になると、学校にいる時間が長くなってくるので、放課後そのものの時間が短くなるのが現実です。委員会やクラブ活動していると、下校時間が4時半や5時近くになる日も出てきます。そうすると、保護者が帰ってくるまで家で宿題をやったり、漫画を読んでちょっと休憩したりすると、ひとりで待っていることもできるということで、高学年になると利用が減ってくる状況はあります。そのため利用は小学校低学年が中心です。

　次に「支援の単位」を見てみましょう。学童保育では一つの活動単位を「支援の単位」と表現します。以前は一つの大きな部屋に、80人とか90人が一緒に生活するという大規模な学童保育もありましたが、それは望ましくない。そうした中で、一つの建物であっても、いくつかに分けなさいということになり、「支援の単位」という呼び方で分けるようになりました。この一つの「支援の単位」の規模は、31〜40人が全体の約3分の1程度で、21〜30人も5分の1ほどあります。小学校の1クラスの編成と同じぐらいの規模が5割以上になっています。41〜50人や51人以上といった規模のものを国は減らしたいと考えています。過密化して子どもたちにとっての集団活動に支障が出ると考えており、41人以上の区分から補助金を減らす仕組みにして、一つの支援の単位の人数を減らす方向に誘導を図っています。しかしそれでもまだ、41〜50人までのところが5分の1ほどあります。子どもにとっては31〜40人でも暮らしにくく、本来は20〜30人程度になってほしいと願っています。

　しかし、現実的には40人以上のところもかなり多く、30人ぐらいの学校の教室で8時間頑張って過ごしたあと、放課後はさらに多い状況で暮らさなければならず、指導員は2人いればいいという設定です。これでは子どものニーズをキャッチすることはとても難しいことが容易に想像できます。

　また、障害をもつ子がいれば加配のための予算はつきますが、正規の職員を置くだけの予算ではないので、加配の指導員はパートであることが多いです。子どもにとって苦しいだけでなく、指導員にとっても当然苦しいという状況がそもそもあります。

　集団の効果も発揮しながら、子どもたちにとって、自分の時間や人との関わり方をきちんと保障できるような規模にしていけるか、その中で子どものニーズに気づけるぐらいの余裕をもった職員の配置をどうつくっていくのかが課題です。

6 学童保育で過ごす障害のある子どもは5万人超

Q 放課後等デイサービスの増加は話題になるところですが、学童保育を利用している障害のある子どもはどれくらいいるのでしょうか。

A 2021年度実績では、学童保育を利用している子どもは139万人。そのうちの5.4万人が障害児の登録児童数です。

　障害児の学童保育の利用数は毎年10%弱程度増え続けています。ここ最近の学童保育の利用数そのものの増加率は、5%ほどで推移してきましたが、コロナ禍で一気に下がりました。学童全体の子どもの伸びていく割合よりも、障害児の伸び率の方が高い状況です。障害をもつ子どもにとっては、放課後等デイサービスもあり、放課後の仕組みは充実してきて選べるようになっていますが、学童保育のニーズも高止まりしています。保護者のライフスタイルが変化し、働きながら子育てしたい、せざるを得ないということもありますし、インクルーシブという言葉で表現されるように、学校のクラスはちがっても、放課後は障害のない子どもたちと一緒に過ごしたいという願いもあって、学童保育の障害児の受け入れは、どんどん増え続けています。

　また、学童保育の利用者の総数が139万人と非常に多いので、障害をもつ子どもの割合は少数のように見えますが、毎年約0.1～0.2%ずつ増えており、右肩上がりです。全体の3%という数字は、先の「支援の単位」でいうと、31～50人の1番多い規模で、だいたい1人以上の障害をもつ子どもがいると考えられる割合です。ただ、これはあくまでも「加配の対象になる子ども」の人数であって、いわゆる「気になる子」の数は含んでいませんから、そういった子どもも含めるともっと多くの何かしらの支援が必要な子どもが学童保育の中で暮らしていることが見えてきます。

　ですが、それに対応できるだけの職員数が満たされているかというと、先ほどのように常時2人いればよいという規定ですから、ニーズを抱えた多くの子どもに対応するのは非常に厳しい状況があります。そして、その2人の職員の中で、専門的な研修（放課後児童支援員資格者）を受けた人は、1人以上いればよいというわけですから、これは手詰まり感を抱えて当たり前という状況が必然的に起きるわけです。

　では、最後に特別支援教育の対象になる子どもたちとの比較から考えてみましょう。小学校の年齢で特別支援教育の対象になる子どもは、特別支援学校や特別支援学級に

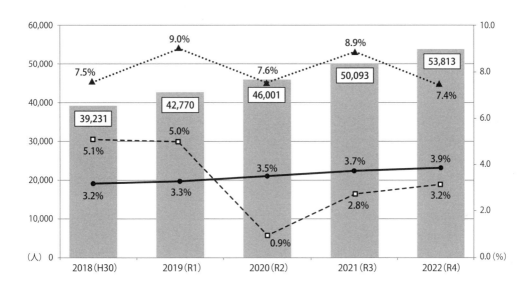

図2）学童保育を利用している障害のある子ども　　　　　厚生労働省の資料をもとに筆者作成

およそ4.4％在籍しています。また「通級」という形で教科によって別の場所で勉強する子どもたちが2.2％程度です。これら全体で約6.6％が特別支援教育の対象児童になります。学童保育を利用している障害をもつ子どもたちが3.9％なので、特別支援教育を受けている子たちと割合に比べてみると、若干少ない数字に感じますが、保護者のすべてが働いているわけではないので、学童保育を利用しない場合もあります。ですから3.8％というのは、かなり多くの人が利用しているとも考えられます。

　さらに、2022年12月に文部科学省が、「通常学級に在籍する発達障害のある可能性の子どもについて」を公表しました。診断は受けてないが、通常のクラスの中で、担任の先生が実際に教育や仲間集団をつくっていくときに、ちょっと難しいなと感じる子どもがどれぐらいいるかという全国調査の結果です。

　それによると、小学校全体で約10％の子どもたちについて学習面や行動面、人間関係において何らかの困難さを担任の先生が感じることが示されています。低学年はよりその割合が高く、高学年になると少し数字が落ち着いています。これは小1の壁などを理由として、障害の有無ではなく、小学校への入学という大きな変化や養育環境、親子関係等で勉強に集中できないことや友だち関係の苦手さを抱える子どもたちもおり、低学年はその数字が高いことも考えられます。しかし年齢が上がると、子どもが

表5）特別支援学校在籍者数、特別支援学級在籍者数（国・公・私立計）　（単位：人）

	幼稚園・幼保連携型認定こども園・特別支援学校幼稚部	小学校・特別支援学校小学部	中学校・特別支援学校中学部	高等学校・特別支援学校高等部	計
総　　数	1,807,191	6,310,070	3,298,707	3,088,795	14,504,763
特別支援学校	1,301 （0.07%）	47,815 （0.76%）	31,810 （0.96%）	65,359 （2.12%）	146,285 （1.01%）
特別支援学級	—	233,801 （3.71%）	92,657 （2.81%）	—	326,458 （2.25%）
合　　計	1,301 （0.07%）	281,616 （4.46%）	124,467 （3.77%）	65,359 （2.12%）	472743 （3.26%）

出典）厚生労働省「特別支援教育資料R3年」

表6）通級による指導を受けている児童生徒数（国・公・私立計）　（単位：人）

	幼稚園・幼保連携型認定こども園・特別支援学校幼稚部	小学校・特別支援学校小学部	中学校・特別支援学校中学部	高等学校・特別支援学校高等部	計
総　　数	1,838,838	6,379,989	3,275,607	3,173,977	14,668,411
通級による指導	—	140,225 （2.20%）	23,142 （0.71%）	1,300 （0.04%）	164,697 （1.12%）

出典）厚生労働省「特別支援教育資料R3年」

表7）「学習面、各行動面で著しい困難を示す」とされた児童生徒の学校種、学年別集計

	推定値（95%信頼区間）			
	学習面又は行動面で著しい困難を示す	学習面で著しい困難を示す	「不注意」又は「多動性−衝動性」の問題を著しく示す	「対人関係やこだわり等」の問題を著しく示す
小学校	10.4%（9.8%〜11.1%）	7.8%（7.3%〜8.3%）	4.7%（4.3%〜5.1%）	2.0%（1.7%〜2.3%）
第1学年	12.0%（10.7%〜13.5%）	9.1%（8.0%〜10.4%）	5.6%（4.8%〜6.5%）	2.0%（1.5%〜2.7%）
第2学年	12.4%（11.2%〜13.7%）	9.0%（8.0%〜10.1%）	5.8%（5.0%〜6.7%）	2.4%（1.8%〜3.0%）
第3学年	11.0%（9.8%〜12.2%）	8.2%（7.3%〜9.3%）	5.1%（4.3%〜5.9%）	2.1%（1.6%〜2.8%）
第4学年	9.8%（8.8%〜10.9%）	7.3%（6.5%〜8.3%）	4.5%（3.8%〜5.2%）	1.5%（1.1%〜2.0%）
第5学年	8.6%（7.6%〜9.8%）	6.8%（5.8%〜7.8%）	3.7%（3.1%〜4.4%）	1.9%（1.5%〜2.5%）
第6学年	8.9%（7.8%〜10.1%）	6.4%（5.4%〜7.4%）	3.8%（3.2%〜4.6%）	1.9%（1.5%〜2.5%）
中学校	5.6%（5.0%〜6.2%）	3.7%（3.3%〜4.2%）	2.6%（2.3%〜3.0%）	1.1%（0.9%〜1.3%）
第1学年	6.2%（5.3%〜7.2%）	4.1%（3.4%〜5.0%）	3.0%（2.4%〜3.6%）	1.3%（0.9%〜1.7%）
第2学年	6.3%（5.4%〜7.3%）	4.1%（3.4%〜5.0%）	3.3%（2.6%〜4.0%）	1.2%（0.9%〜1.7%）
第3学年	4.2%（3.5%〜5.1%）	2.9%（2.3%〜3.6%）	1.6%（1.2%〜2.1%）	0.8%（0.5%〜1.2%）

出典）文部科学省「通常の学級に在籍する特別な教育的支援を必要とする児童生徒に関する調査結果について」（2022年）

本来もっている力の中で少しずつうまくその子自身が馴染んで、困難さが見えにくくなってくることもあります。しかし、最終的に9％近い子どもたちについて、最後まで気になる点が残るところを見ると、学校の30〜40人の集団で、診断はないが「気になる子」が3人程度はいるという状況が見えてきます。私も保育所の巡回指導をしていた時、気になる子どもが一定数いるなと感じていましたし、現場の先生たちの中でも、肌感覚として1割ぐらいは気になる子がいるよねと話していました。

　この調査から明らかになったように、おそらく各学童保育にも何かしら気になる子がおり、それは決して少数派ではなく、一定のニーズがそこにあるということではないでしょうか。そうした状況に対して何らかの形でさまざまな専門職がきちんと介入し、職員を支援しつつ、子どもたちにとって、よりよい保育環境をつくっていく段階にきていると感じています。すべてを指導員が丸抱えして子どもに関わるのはもう限界があるでしょう。

7　学童保育の半数以上が学校内にある──環境の工夫を

Q 学童保育の施設・環境について、気になることを教えてください。

A　施設に関して言えば、今、学童保育の半数以上が学校内に設置されているというのも一つの注目点です。現状は、学校の余裕教室や敷地内に専用施設が設けられています。私は、教育と放課後が同じ場所にあることが、子どもにとってどのような意味をもつのかという疑問をもっています。放課後は、学校からの解放だと思うのです。学校は子どもにとって一生懸命頑張る場所であり、とてもエネルギーを使うわけです。自分の力では乗り越えられないけれど、ちょっとしたサポートがあれば乗り越えられるというようなことを教育という手段で育てていくので、子どもたちは、すごく頭も使うし、体も使うわけですから、当然、疲れます。学校というのは、ある意味、そのように意図的に構成しているわけです。その疲れる場所に放課後を過ごす場所があるというのは、子どもにとって、自分を切り替える場所の必要性からは疑問を感じるところもあります。少子化の中で、学校という場所の活用を考えざるを得ない部分や防災面・安全面から学校内への設置は仕方がないのでしょうが、学校の中ではあるが、ここからは放課後なんだということをどうやって示していくかという工夫が重要だと思います。

また、障害をもつ子どもの特性によっては、物理的な場所が変わることで気持ちが切り替わる子どももいますし、逆に物理的な場所が変わると不安になるという子どもたちもいるかもしれません。その子たちを特性に応じて、「学校に学童保育がある」という現実をうまく調整していくのが大事になると思います。たとえば、学校で失敗したものを引きずりやすい子どもにとっては、学校に放課後があると、その失敗を切り替えるきっかけ生みにくいと思うのです。学校で失敗したけど、放課後は外の場所にあるとなれば、ちょっといつもよりもこだわり行動が多くても自販機を触ったりとか、通り道にある家の犬にちょっかいをかけたりと、何か自分の中で切り替えるための行動をきちんと満たしながら、「学校でのことはここでおしまい」「ここからは学童の自分になる」という、「ゆとり」というか「すきま」のような、何かしらの狭間をつくってあげられると思います。同じ学校内という、切り替えしにくい環境であっても、こうした工夫は考えてほしいものです。

　たとえば、ランドセルを背負って、そのまま上靴のまま学童保育の部屋に移動するのではなく、1回ちゃんと昇降口まで行って、上靴を脱いで、運動靴に履き替えて学童保育の玄関に移動していく。そこでちゃんと学校を「おしまい」にして、「ここから放課後」という目に見えやすい区切りをつくってあげるなどの工夫をしてほしいと思います。さまざまな制約がある中で学童保育は運営されていて、障害をもつ子に対して、手を変え、品を変え、必死に指導員たちがアプローチしているということを理解してほしいと思います。

⑧　学童保育での専門職連携って？

Q　学童保育における専門職連携ってどんなことでしょうか？

● 子どもの視点を明確にするための手がかり

A　支援員が子どもを多面的、多角的に見る目を支えることではないでしょうか。学童保育の大きな特徴は、1日の中でさまざまな生活や遊びが同時多発的に展開されている空間なのです。

　多様な選択肢のある活動が1日の中で同時多発的に展開されているという現実も知っておいていただきたいと思います。障害をもつ子どもにとって自分で行動を選べ

と言われてもそれはとても大変です。集団での活動時間ももちろんありますが、そうした時間は学童保育の一部で、それ以外のある意味で勝手気ままな時間が圧倒的に多く、それぞれに思いをもって活動します。急に片付けを始める子どもがいたり、将棋をする子もいたりします。手をつないで遊んでいたり、ここが痛いといきなり泣き始めたり、ぐるぐる回るというわけのわからない、大人から見れば生産性のないと思われてしまうような活動をする子どももいたりします。特に低学年男子にはよく見られます。また、突然けんかを始めるとかもあります。何の脈絡もなく、さまざまなことがその場で展開される中で、障害をもつ子どもに、「今日何して遊ぼう？」と聞かれても、本人が選択するには難しい環境なのは容易に想像できます。あちらこちらから視覚的な刺激や聴覚的な刺激が入ってきて、誰かがぐるぐる回っていれば、振動として自分の触覚に入ってくる。そうしたことで一度にやってきたら整理できるわけがなく、たじろいで選べなくて苦労しているはずです。障害をもつ子どもの特性に配慮した場の整理をするにはどうしたらよいかということです。

たとえば、遊びの類型ごとに分けて、ごっこ遊びはこのあたりで、製作系の遊びはロッカーの近くで、この場所は折り紙やる、といった感じです。音が出やすいものについては近隣の住宅に影響もありますが、なるべく音が中にこもらないような窓際の外に近いところで、本人の聴覚刺激を高めないような場所で遊ぶように構成するなどです。先ほど述べたくるくる回るのも、子どもたちにとっては、単に心身ともに変化している中で、体そのものがうずいて仕方がないわけです。止まれないのが当たり前ということを保障することをしっかりと考えて環境構成することで、障害をもつ子どもにとっても意味が生まれてきて、今までよりはストレスが減ってくると思います。支援員には、子どもたちの困り感の根っこにあるものは何かということをちゃんと整理しましょうと、現場の中でサポートしています。

そのためには「誰が困っているのか」「何に困っているのか」という視点をはっきりさせて、「どうしたいのか」を子どもの側からしっかり考えるという目的をつくっていくのが重要です。その際に手がかりとなるのが、専門職ではないかと思っています。心理的なアプローチもあれば作業療法的なアプローチもあるでしょう。さまざまな人がさまざまなものの捉え方を支援員に伝えていく中で、支援員が子どもを多面的、多角的に見ることができます。その中で子どもの困り感をより具体化させていくプロセスが「専門職連携」なのだろうと思っています。

また、支援員に伝えているのは、「生活機能」を理解しようということです。人間というのは、生活が中心であり、生活というのは、その人のもっている力を総合的に

発揮しながら生きていくことです。本人の力だけではなくて、周りの環境や生育歴も含めて、子ども自身が発揮できているものと発揮できていないものがあります。それを整理して、その状況に応じたアプローチの仕方がいくつもある中で、さまざまな専門職が関わることから、今、どの視点で子どものことを捉えているのかがわかり、自分たちの関わりの手がかりになることを伝えています。

⑨ 最後にひとこと 「障害」って？

Q 最後に、放課後の子どもたちに関わりたいと考えているみなさんにひとことお願いします。

● **「たじろぎ」を理解してほしい**

A 最後に、「障害」の理解についてお伝えしたいと思います。

　子どもたちの「気になる行動」というのは、障害そのものというよりは、その障害をベースにしながらも、それまでどうやって生きてきたのか、どんな経験をしてきたのかという中から生まれてくる、歪みやひずみの部分が実際には大きいのではないかと思っています。障害の診断名そのものやその特性理解だけでは、子どもの行動の背景は見えてこないのではないか思います。たとえば、おなじ「自閉スペクトラム症」という特徴があっても、その子自身の固有の捉え方や感覚の持ち方があり、よい学習も誤った学習もしています。結果的に表に出てくる行動が望ましかったり、望ましくなかったりする中で、子どもがここまでどういう学習をし、どう理解しているのかを見ていかないと、実際の関わりは変わっていかないということです。

　その時に子どもの行動を「問題行動」として見るのではなく、「たじろいでいる」という捉え方をしてみると、その子自身が一番困っていて、不安がっていて、自分がどうしていいかわからないという状況だということが理解できます。支援者としては、そこをぜひ共感的に理解してほしいと思います。その子自身が、それを自分の力や周りのサポートを通して乗り越えていくということが大事にすべきポイントなのではないかと思います。「その子自身が自分の中で変化していく」ということだけではなく、「周りが変わっていく中で、結果的に同じ仲間として過ごしていく」ということも大事にすべきところで、この二つを整理して関わっていってほしいと思います。

「できる、できない」という表面的で評価的な視点になってくると、子どもを次の段階に無理に引っ張り上げようとするようなアプローチになりがちです。しかし「たじろぐ」という内面の変化のプロセスとして子どもの姿を見ていくと、その子自身は頑張っているのにできなくて、戸惑っているのだと、共感的に関わることが可能になるはずです。それがその子が変わっていくきっかけをゆっくりじっくり丁寧につくっていく出発点です。

　その「たじろぐ」を理解するのに有効なのが、専門職の視点やアドバイスです。「この子はこういうところが少し苦手なんだね」「子どもの力がうまく発揮できなくても、それは急激に変わるものではなく、私たちが関わり方を変化させていく、環境を調整していくと、その子自身の苦手さを捉えやすくなるかもしれない」。もしかしたら、そうして自分たちがわかりにくい状況を作り上げていたんじゃないかということに気づけると思います。支援員も、子どもたちのよいところ、本来もっているのに発揮できずにいる力に気づくことができるのではないかと思っています。

　子どもを支える支援員をさらにその周りから支える専門職として、ぜひ関わっていきませんか。

Part 3

地域で子どもを支える
作業療法士の今

　物事を途中でやめてしまったり、あきらめてしまってはいけないという戒めの言葉を軻親断機（かしんだんき）といいます。軻親というのは孟子の母親のことで、断機は織りかけている機の糸を途中で切ることです。孟子が学問を投げ出そうとしたときに、孟子の母親が織り途中の機の糸を切断して「学問を途中でやめることは、この織物と同じようなものだ」と言って戒めたという故事からきています。

　作業療法士が粘り強く活動を続けたことで、美しい織物ができつつある取り組みをここに紹介します。これから地域に参入する人の道標となれば幸いです。

小林隆司

子ども領域で働く
作業療法士の仕事

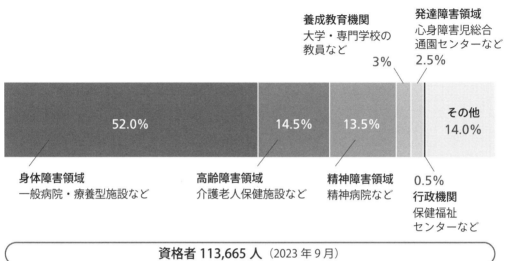

養成教育機関
大学・専門学校の
教員など
3%

発達障害領域
心身障害児総合
通園センターなど
2.5%

52.0%　14.5%　13.5%

その他
14.0%

身体障害領域
一般病院・療養型施設など

高齢障害領域
介護老人保健施設など

精神障害領域
精神病院など

0.5%
行政機関
保健福祉
センターなど

資格者 113,665 人（2023 年 9 月）

図）作業療法士のいる施設

（出典：https://www.jaot.or.jp/files/page/kankobutsu/pdf/ot-news2023/2023-9.pdf）

　2023 年 12 月現在、日本作業療法士協会の情報によると、日本の作業療法士資格者は約 11 万人と言われている。多くは一般病院や療養型施設、介護老人保健施設などで働いている。また、精神科病院で働く比率も 13.5％と高くなっている。そんな中で発達障害領域と呼ばれる子どもたちを対象にして働いている作業療法士が、2.5％いる。単純計算だと、2,750 人となる。

　この人数では私たち保護者や市民のみなさんとは、ほぼ出会う機会がないといっても過言ではない。現在、子どもに関わる作業療法士推定 2,750 人は、どこでどんなふうに仕事をしているのかを紹介する。

　現在、一番多いのは、1. 小児科病院での療育、2. 特別支援学校、3. 保育園等への訪問支援。さまざまな制度に位置づけられながら仕事をしている。また近年、4. 児童福祉法に位置づけられた放課後等デイサービス事業所での作業療法士の関わりも始まっており、専門職配置の加算もつくようになっている。5. 行政の相談窓口対応といった関わりもあり、それぞれの自治体によって、仕組みや頻度は大きく異なるが、各地の作業療法士に紹介してもらう。

病院での療育の仕組みと治療

〔香川県〕丸亀こどものお城・リハビリクリニック　浅野 由希

　お子さんの療育を受けることのできる場所は近年、多様化していますが、医療機関での療育の仕組みや作業療法士（以下、OT）としてのお子さんとの関わりを少しご紹介させていただきます。

① 病院のリハビリ、療育って？

　私の勤める小児リハビリテーションセンター（以下、当院）では、発達に関する問題や不安を抱えるお子さん（例：小児疾患、肢体不自由児、ASD（自閉症スペクトラム症）、発達性協調運動障害（DCD）、知的や言語面の発達遅滞など）に対し、医師・理学療法士（PT）・OT・言語聴覚士（ST）・公認心理師などのスタッフが連携しながら治療的介入をしていきます。

　地域の中の小児リハビリテーションを提供する医療機関として、私の職場は年齢でリハビリ終了ではなく、お子さんのライフステージに合わせて、医療的介入の必要性を見極めて、リハビリを提供できるように取り組んでいます。

② OTとお子さんが出会うまで

　お子さんが医療機関につながり、OTと出会うまでの流れとしては、受診予約→問診票の記入→診察→医師よりOTリハビリの指示が出て初めてOTとお子さんがつながってきます。

　診察前の問診票はスタッフで検討して作成し、困り感や既往歴の記載だけでなく、家族や生活についてなど、診察やその後のコメディカルスタッフ＊の介入がスムーズになるようにしています。また治療介入の際にはカンファレンスや発達検査なども必要に応じて行います。

＊コメディカルスタッフ：看護師、保健師、助産師、薬剤師、理学療法士、作業療法士、言語聴覚士、栄養士など、国家資格をもつ医師を除く医療従事者の総称。

③ OT とお子さん・保護者さんが出会った時にすること
——面接、評価、治療的介入、リハビリの卒業までの説明

OTとして治療介入する際には、保護者さんとお子さんと一緒に面談をしながら、方向性を検討、評価、治療介入していきます。最初の面談でお子さん・保護者さんと関係性を構築していくことを大切に、困っていることに対して医療機関のOTとして何ができるかを、まず共有できるように努めます。また、今後のOTリハビリの大枠の流れの説明をします。

保護者さんにお伝えしているのは、今後リハビリをしながら、お子さんの成長や環境の調整などで困り感が減ってくるように、保護者さんの子育ての見通しが立つようにお手伝いをすること、お子さんの成長に合わせて、診察やカンファレンスをしながら、リハビリの頻度調整や福祉サービスの検討などもすることを説明します。

④ 作業療法アプローチとしてすること

面談の際には、保護者さんからの「困っていること」に対しても「誰が」「どんなふうに」「どのくらい」など明確になるようにします。お子さんが言葉で説明するのが難しいことが多々ありますが、お子さんの生活が豊かになるように、お子さん自身が「何ができるようになりたいのか」など、お子さんの視点での情報収集も大切にしています。面談から得た情報や行動観察をもとに評価を進めていきます。

OTとして治療介入する際には「基本的な生活技能」「移動能力」「知覚・認知」「学習」「コミュニケーション能力」「社会適応能力」「情緒」などに対して情報収集・評価しながらセラピィを提供していきます。

「何ができて」、「どのように行っているか」「何ができず」「なぜそうなるのか」という視点で評価する部分もありますが、お子さんが「何をしたくて・何をしようとしたのか（お子さんの発想）」や外界からの情報の得方、処理過程（感覚・認知面）などにも着目しながら評価・分析・治療を進めていきます。

人−環境−作業モデルを用いたりして、お子さんにとって、保護者さんにとって、どのようにアプローチすればいいのか焦点化していきます。当院では、小児リハビリのスタッフ同士が連携して（みんな子どもが好きなので、今日のリハビリの出来事を共感したい！）お互いに報・連・相がしやすい環境なので、お子さん・保護者さんの状況を多面的に捉えられ、またOTの役割を明確にできることは、より効果的なチーム

アプローチにもつながると思います。

⑤ 医療機関の OT として治療で考えること

お子さんは、外界の興味のあるものに対して、自ら運動機能や感覚を使って働きかけ、探索・探求しながら、得られる情報や経験を積み重ねて成長・発達を遂げていきます。お子さんの育ちの課題があるときに、OTとは出会います。当たり前のことですが治療を選択するとき、一人ひとりのお子さんにオーダーメイドの治療的介入を行います。

私は治療介入する中で、お子さんにとって楽しい経験の中で、自ら環境に働きかける力、自ら操作できるもの（身体・言葉・道具・環境など）を増やすことのお手伝いができればいいなぁと考えています。

治療の中では、「目標・目的が明確であること」「リスク管理ができていること（物理的・心理的けがをさせない）」「根拠に基づいていること（神経・生理・運動学も含めて）」をおさえていれば、活動の選択はOTのセンス次第だと思います。お子さんが「やりたいな」「やってみたいな～」を「できた！」と実感できる、ちょうどいいチャレンジの場を提供していくことを大切にしています。

困り感にアプローチするのは、お子さんの行為・行動を変化させることであり、それはお子さんの脳の育ちの変化であるため、根拠に基づいた治療介入を提供すること、お子さんが興味のある活動から展開していく治療、その治療効果を判定していくことはOTの臨床スキルを問われますが、お子さんたちから学ばせてもらいながら、最善がつくせるよう努めています。

2 特別支援教育に関わる

〔神奈川県〕株式会社リニエR　八重樫 貴之

　学校教育法の改正により「盲学校」「聾学校」「養護学校」に区分されていた学校が、2007年4月から「特別支援学校」に一本化されました[1]。したがって、「特別支援学校」では、障害の種類によらず一人ひとりの特別な教育的ニーズに応えていくという「特別支援教育」の理念に基づいて教育が行われています。近年、その「特別支援教育」を必要としている児童生徒数は増加傾向であり[2]、2009年度は全国で約25万人でしたが、2019年度では約58万人とほぼ倍増しています。そのような現状で「特別支援教育」に小児・発達領域の専門家の参画ニーズが高まっており[3]、日本作業療法士協会では、「特別支援教育」の専門作業療法士を設け、図のように「特別支援教育」に参画する作業療法士のモデルを3つに分類し周知するなどしており、さまざまな形で作業療法士が「特別支援教育」の現場で活躍できるようになってきています。

① 外部専門家モデル

・施設・病院からの派遣、非常勤としての契約
・学校教育の限定的側面に関与

② 教育委員会採用モデル

・教育委員会で採用
・複数の学校を担当
・就学相談その他の行政にも関与

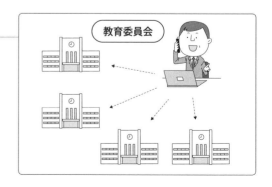

③ エリア配置モデル

・あるエリアの中核になる特別支援学
　校に配置
・在籍校の校内支援と、そのエリアの
　特別支援学校・地域校・幼児教育施
　設への校外支援も実施

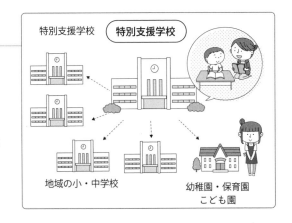

特別支援学校　　特別支援学校

地域の小・中学校

幼稚園・保育園
こども園

　東京都では、2004年より「東京都特別支援教育推進計画」を策定しており、東京都立肢体不自由特別支援学校には、作業療法士（以下、OT）、理学療法士（以下、PT）、言語聴覚士（以下、ST）、心理専門職（以下、CP）等が「自立活動の外部専門家」として一部学校に配置され、2009度にはすべての肢体不自由特別支援学校に配置されました。2012年には「都立知的障害特別支援学校における外部人材の導入に関する検証委員会」が設置され、2016年度には都内すべての特別支援学校に外部専門家（OT・PT・ST・CP等）を配置する計画が策定されています。その人材確保や学校教員と外部専門家との連携のあり方について検討がされました。その結果として、2012年度から、OT、PT、ST、CP等の専門家を「教育支援員」として全都立知的障害特別支援学校に招聘し、指導・助言を得て、教員の専門性を図る取り組みを実施し、2016度までに対象全校に配置されています。

　筆者は現在、東京都立特別支援学校2校（肢体不自由、知的障害）で非常勤の外部専門家として月1〜4日程度勤務しています。基本的には、授業参観のような形で、筆者は直接児童・生徒には関わらず、先生が授業を行っているところを後ろから観察させていただき、放課後に先生とカンファレンスを行っています。

　外部専門家として先生にアドバイスする際に心がけていることは、以下の通りです。

---

① 担任の先生が、どのような課題をもっているか。対象の児童・生徒にどのような
　教育を行いたいか、その意志を尊重する。

② 粗大運動、認知、対人社会性・コミュニケーションの視点で正常発達からの評価
　結果を伝える。

③ 大型ブランコに乗せてほしいなど「特別なこと」は言わず、授業中や休み時間に
　行える「ちょっとした工夫」を伝える

それ以外にも、専門用語を使わない・教育の専門家として先生を尊重するなど、コンサルテーションを行う際の基礎的なことは行うように心がけています。以下、実際にどのようなアドバイスを行っているか、事例を通じてお伝えしたいと思います。

実践事例から：知的障害特別支援学校の小学6年生男児

一人で歩くことやひらがなの読み書きはできる。人工呼吸器を過去に使用していて気管切開をしているため、肢体不自由特別支援学校にて医療的ケアを受けながら学校生活を送っていたが、4月から知的障害特別支援学校でも非常勤の看護師が常駐し、医療的なケアが受けられることになったため、転校してきた。

> 主訴：国語で書字の練習をしているが、ひらがなの形が歪んでしまう。身体機能面や視機能面より評価を行い、国語や自立活動の授業で行う内容についてアドバイスがほしい。

1）授業中の観察内容

国語・算数の授業。机を挟んで先生と児童が対面で座っていました。椅子に座った姿勢は、背筋を伸ばした一見すると良い姿勢でしたが、胸を張っていたので鉛筆を持つと窮屈そうでした。

先生は、最初にカードでひらがなを呈示します。その後本児童は、4マスのノートに書き写していきますが、筆圧が弱く4つのノートのマスをしっかり使えていませんでした。ノートの左側にいくに従い、マス目の右二つのみを使って字を書くようになりました。その際、右上肢が正中（身体の真ん中）を越えることなく、体幹左側屈することで代償していました。また、眼球運動が拙劣で、字を書くペン先を眼球のみを動かして見ることが難しく、頭頸部や体幹が動いてしまっていました。

2）アドバイス内容

机上課題（書字）は両手が机の上に乗った状態で行うので、体幹が少し曲がった姿勢（屈曲位）で、姿勢保持ができるようになると鉛筆を持つ手に力が入り、筆圧が上がると思います。ですので、ランドセルをロッカーに入れる、給食のお盆を自分で持って運ぶなど、学校生活の中では屈曲位で姿勢保持ができる動作を行っていくとよいと思います。また、朝の体操で、大きなバランスボールを転がしたり、手を合わせて押

し合ったりするのはどうでしょうか。

　ひらがなの歪みやノートのマスを適切に使えないことは、鉛筆を持つ手が正中線を超えられないことと眼球運動の苦手さ、視覚認知が影響している可能性があります。これらは、すぐには発達していかないので、先生が声かけをしながら、ノートの書く位置を正中から右寄りにもっていくことで、短期的には対応できると思います。長期的には、個別課題の中で、ペグボードなどで正中を超えてリーチする課題や、風船バレーをすることで動くものを見続けるなどを行っていくとよいのではないでしょうか。

　以上のように、授業の様子を観察して授業中や休み時間、自立活動などで行える「ちょっとした工夫」を担任の先生にお伝えしたところ、先生はアドバイスの内容を授業に適した形で取り入れてくださいました。

　半年後のフォローアップ依頼で国語の授業にうかがったところ、漢字の歪みはまだ見られていましたが、ひらがなについてはノートの4マスをしっかり使って書けており、姿勢も少し体幹を屈曲させた書字に適した姿勢で授業を受けていました。

　今回は外部専門家として知的障害特別支援学校に非常勤で勤務している筆者が、どのような働き方をしているかの事例を通じて紹介しました。「特別支援教育」に参画する作業療法士のモデルは他もあるので、より多くの作業療法士がさまざまな形で「特別支援教育」の現場に出ることができるようになることを願っています。

〔参考文献〕
1）文部科学省初等中等教育局特別支援教育課.「特別支援教育の推進について」
　　http:// www.mext.go.jp/b_menu/hakusho/nc/07050101.htm.
2）文部科学省初等中等教育局特別支援教育課.「特別支援教育行政の現状及び令和3年度の事業について」
　　http://www.rehab.go.jp/application/files/5216/1550/6855/2_.pdf
3）文部科学省初等中等教育局特別支援教育課.「特別支援学校機能強化モデル事業」
　　http:// www.mext.go.jp/a_menu/shotou/tokubetu/ main/006/h25/1339881.htm.

〔図の参考文献〕
・特別支援教育への作業療法士参画モデル案に関する報告
　https://www.jaot.or.jp/files/page/wp-content/uploads/2010/08/tokubetsushien-report.pdf

③ 保育所に巡回相談で関わる

〔岡山県〕岡山医療専門職大学　野口　泰子

① 保育士と協同して間接的に子どもを支援する
コンサルテーション

　作業療法士は、保育士や保護者が困り感をもつ子どもの相談を受け、支援をしています。これは、巡回相談と呼ばれ、現在多くの自治体で特別支援教育を推進する制度の一つとして導入されています。巡回相談は、各自治体により形態や方法なども若干異なってきますが、子どもを直接的に支援するのではなく、保育士と協同して間接的に子どもを支援するコンサルテーションの形態で行われています。

　巡回相談員として関わる専門職種は、作業療法士の他にも医師や言語聴覚士、臨床心理士、大学教員とさまざまです。訪問の形態は、専門職が一人で行くパターンと多職種のグループで行くパターンがあります。

　対象となる子どもは、発達障害や知的障害の診断を受けている子どもから、未診断の「気になる子ども」と幅広いです。つまり、保育所の集団生活の中で、お友だちとの関わり方や身辺自立のつまずきについて保育士が心配している子どもたちです。

　支援の形態は、保育士から事前に対象の子どもの様子や困っている場面、気になることを口頭や書面で説明してもらいます。作業療法士は、子どもの遊びや創作活動、着替えや食事の場面に参加・観察をして評価を行い現状の把握をします。その後、子どものお昼寝の時間などを利用し、担当保育士や主任保育士と話し合いを行います。保育士に対象の子どもがどのようになってもらいたいか、お話ししてもらい、今後の保育場面での取り組み方や周囲のサポートなどを明確にしています。岡山県和気町の巡回相談を例に紹介します。

② 自治体が行っている巡回相談

　和気町が実施している巡回相談は、地域生活支援事業における日常生活支援「巡回支援専門員整備事業」で運営されています。和気町が実施している任意事業であり、

作業療法士連携が継続し実施されています。この事業の対象は、園の先生や保護者です。町の乳幼児健診で困り感が考えられたり、園などの集団生活で具体的な支援が必要と思われる子どもの保護者や園の支援者を対象としています。

　和気町の就学前の施設は、3園ありすべてが町立で、幼保一体化の施設です。和気町健康福祉課が主体となり巡回相談を実施しています。巡回相談は、保健師と発達障がい者支援コーディネーター、教育委員会指導員、臨床心理士、作業療法士がチームとなって園を訪問します。多職種で巡回相談を実施することは、乳幼児健診の様子や小学校との連携など多くの情報を統合できることにつながっています。

③ 明日からでも継続的に取り組めそうなアイデア

　本巡回相談では子どもを直接的に支援しません。子どもと毎日、向き合っている園の先生を支援することが、巡回相談の目的です。対象の子どもたちについての話し合いは、巡回相談の参加者がアイデアを出し合います。そして、出されたアイデアの中から園の先生が、対象の子どもに合ったものを選択して実践をするという、コンサルテーションの形態をとっています。ということは、コンサルテーションで出されるアイデアは、園の先生が多くの子どもを保育しながらも、対象の子どもに効果的な支援ができる、現実的な方法でなければなりません。

　さらに、特別な道具や環境を必要とせず、明日からでも継続的に取り組めそうなアイデアが期待されます。コンサルテーションで提案するアイデアが、現実的で継続的なものとなるような工夫をしています。その内のひとつが、園の先生が毎日、実践されている支援からヒントをもらうことです。

> **実践事例から：外遊びから次の活動の切り替えが難しくて、**
> **なかなか教室に入れないAくん**

　Aくんは、靴を脱いだ場所の砂を観察したくて教室に入れません。先生がAくんの正面に座り、右手と左手を出しました。「10秒と7秒、どっちにする？」。Aくんは、10秒の右手をポンと叩きます。「1・2・3……」、先生が数えはじめました。Aくんは10になる直前に教室に向かって走り出しました。先生の支援からAくんは次の行動に見通しをもてたこと、納得できたことが推察されました。

この先生の支援からヒントをもらいます。

　Ａくんは、先生がクラスの全員に向けた活動の指示で、たびたび泣き出し、教室を飛び出してしまいます。特に「お片づけをはじめましょう～」と活動の終了を伝えた時の混乱が大きい様子でした。

　コンサルテーションでは、先生にＡくんの特性を説明して、クラス活動の終了など場面の切り替えの時、直前ではなく少し前に伝えて見通しをもたせることを話し合いました。先生にＡくんの特性を意識してもらうことで、Ａくんが見通しをもって行動しやすい支援が継続的に実践できると考えています。

　巡回相談で対象とする園の先生方は、多くの子どもの育ちを支援しながら、困り感のある子どもたちと熱心に向き合っています。私たちは園や先生方の仕事内容や人的環境をよく知り、現実的で継続的に行える支援を提案したいと思っています。そして何より、「明日からやってみよう！」と先生が気持ちを高めてもらえることが巡回相談のコンサルテーションで大切だと考えています。

4 放課後等デイサービスで働く

〔栃木県〕一般社団法人つばさ 放課後等デイサービス　塩田 典保

　私は、栃木県大田原市で「一般社団法人つばさ（以下、つばさ）」にて勤務をしています。以前は、精神科病院に10年間、作業療法士（以下、OT）として勤務していました。OTとしての働き方を模索する中で、子ども支援に関わる仕事に可能性を感じ転職。現在は、放課後等デイサービスおよび生活介護事業の管理業務に従事しています。

① 放課後等デイサービスって？　役割は？

　放課後等デイサービスは、児童福祉法に基づく障害児通所支援事業（児童発達支援、医療型児童発達支援、放課後等デイサービス、保育所等訪問支援）の四つの事業の一つに位置づけられています。対象は、学校通学（小学1年生〜高校3年生）をしている障害のある児童が放課後、夏休みなどの長期休み期間に通うことができる通所支援事業所を指します。

　ASD（自閉症スペクトラム症）、ADHD（注意欠如多動症）、DCD（発達性協調運動障害）、ダウン症、知的障害などの診断を受け、特別支援学校・特別支援学級などに在籍している子どもたちが対象です。2012年に体系化され約10年を迎えようとしています。

　放課後等デイサービスには基本的役割が定められています。①子どもの最善の利益の保障、②共生社会の実現に向けた後方支援、③保護者支援の3つがあります（放課後等デイサービスガイドラインより抜粋）。

　つばさには3つの理念『①生きる力と個性の尊重（一人ひとりが持つ生きる力と個性を尊重、成長にあった療育・支援を行う）、②さまざまな人の交流と出会い（10年後・20年後を見据えて交流や出会いの体験を大切に）、③長期的目標と継続的な支援・援助（日々成長が認められるような療育・支援の長期的な目標を掲げ、継続的な療育・支援に取り組む）』があります。児童発達支援、専門職個別指導（OT、ST、摂食指導、個別学習）、短期入所、相談支援、保護者相談、グループホームなどの事業も行って

います。

　子どもたちが、子どもたちらしく社会へ羽ばたくために大切なことは何でしょうか？　日常的なつながり・役割・やりたい気持ちを育てる、挑戦する機会をつくる、その土壌をつくることが役割の一つと考えています。その一例として、日常的に学童保育、児童発達支援に通う子どもたちと接点をつくる、つまり「年齢や所属、障害で分けない」を意識することが大切だと考えます。

② 私（作業療法士）は何をしているのか？

　近年、放課後等デイサービスで勤務するOTは増えてきており、①個別指導・小集団OT、②運営管理業務、③療育支援の現場、④保育所等訪問指導など多岐にわたります。私は主に②③の立場を通して、「ひと」「作業」「環境」「役割」の評価と助言・実践を行っています。

　先に述べたように、日常的に交流する機会があることで生まれる風景があります。ある学童保育に通う子が、言葉が話せない子と身ぶり手ぶりで意思疎通を図ろうとする姿があり、うれしそうに職員や保護者へ喜びを伝えていました。中高生には、日常的に役割をお願いしています。カレンダーに固執する高校生には、毎月の部屋に掲示するカレンダーづくりをお願いしています。

　給食・食べることに固執する高校生には、給食関連の作業をお願いしています。清潔（手洗い、消毒、手袋）・取り分け（量・個数）を意識するようになります。主体的に繰り返す作業は、彼の技術を磨いています。日常を任され、評価された児童は、自信をもって過ごすようになります。

　力加減や距離感を感じ取るのが難しい児童には、自転車競走、水運びレース、節分での鬼役、畑の杭打ちなど、「屋外で距離感を保つ環境」「重さ・力を感じ取りやすい作業」「叩いても違和感のない役割」というkeyword・要素を設定します。「友だちを叩く子」というレッテルが解消され役割が生まれました。

　大人は、子どもたちの興味・関心、特性を見極めて、意図した場の設定をする黒子役。こうして、「つながり」「挑戦」「やりたい気持ち」「役割」が循環することで、ご家庭や学校で会話を生むきっかけになります。18歳を過ぎると、分けられてきた社会から共生社会へと強制される構図があります。インクルーシブ教育という用語がありますが、本質はどこにあるのか。少なくとも診断することや学校を分けることは一定の

効果はあるかもしれませんが、それ以上ではないと感じています。

③ これからの展望

　OTとしての働き方は多様な時代ですが、生活行為を支える専門家です。私は、精神科医療を経て、発達領域（子ども分野）に転職、療育現場中心から管理者へと役割は変わります。本業の垣根を越えて、組織内外での活動も行っています。「ひと」「作業」「環境」「役割」を評価し、個と組織のWell-Beingをマネジメントすることに長けている職種の一つだと考えています。

　今後、ますます通所支援事業所での支援者の力量が問われる時代になります。同時に親子と支援者を支える方法がないか、仲間と模索してきました。「子どもたちの育ちを支える環境づくり」と称して、2023年5月、作業療法士仲間で任意団体を立ち上げました。中間組織として、支援者育成、親子相談、居場所事業のコンテンツを提供していく予定です。医療・福祉・教育・行政・保育現場に仲間が増えることを願っています。

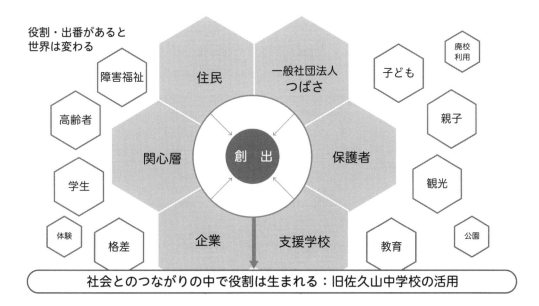

図）社会とのつながりの中で役割は生まれる

⑤ 行政の相談窓口で関わる

〔宮城県〕東北福祉大学健康科学部リハビリテーション学科　小野 治子

　近年、保健所や教育委員会、福祉事務所など行政機関に作業療法士が配置されています。ここでは相談機関である地域の発達障害相談支援センターにおける作業療法士の役割を紹介したいと思います。

① 相談窓口での役割

　専門機関として位置づけられている発達障害者支援センターには、乳幼児健診や所属する保育園、幼稚園、学校から、より専門機関での相談をしてきてほしいと勧められた保護者やお子さんが訪れます。勧められた時点から保護者は不安を抱えながら相談に訪れます。作業療法士は、相談員と一緒に評価スタッフとして、2〜3名のチームで担当することが多いです。時には作業療法士が相談員の役割を担うこともあります。

　乳幼児では、保護者からの聞き取りと同時にお子さんと遊び場面や簡易的に発達検査などを用いてアセスメントし、現状や課題を把握します。この時に、相談員と連携しながら、保護者とどこまでお子さんの特性を共有するかを模索しながら応対し、診断を確定するために医療機関につなげるタイミングなど、保護者の反応から思いや受けとめ方を察知し、伝え方には十分な配慮を行う必要があります。また保護者も一人ではなく、ご両親や祖父母などと一緒に相談にくる場合もあり、家族間の関係性を把握することも重要です。

　保護者は、来所するまで相当悩み、不安を抱えながらも意を決して相談に来たのです。安易に「様子を見ましょう」という先延ばしの発言は、次に会うまでに不安の日々を延ばしてしまうことにつながります。障害の有無ということではなく、その後のフォロー体制や現在育てにくさを感じている部分、気になっていることに対して具体的に、「何をすべきか」を伝えることで安心感を提供することも重要なのです。相談が終わり、玄関まで見送る際の何気ない会話の中に、本音を聞くことがあります。行政機関では、フォーマルな時間以外の関わりも重要な意味をもちます。

② 親子教室

　もちろん、一度の相談場面では伝えきれない場合は、初期療育としてセンター内の親子教室につなぎ、包括的にアセスメントします。この「親子教室」の役割は、お子さんにどんな支援が必要かを明らかにすると同時に、保護者の支援を行うことが重要な意味をもっています。

　お子さんたちに対しては、遊びを通して感覚の偏り（どんな刺激には過敏かなど）や行動の意味を理解し支援を検討します。またおやつの時間などで、偏食の有無やスプーンの使い方、咀嚼などを把握します。食事は毎日のことであり、保護者にとっても悩みが多い部分であります。

　一方、保護者には、毎回グループワークを実施していて、悩みの共有、障害の正しい理解などの場になっています。自身のことを話せず、静かに涙を見せる保護者もいます。そっと寄り添うことも大切な役割です。時期をみて、保護者のグループワークに、同じ障害をもつ先輩親に話をしてもらう機会をもっています。このようなピアカウンセリングは、保護者同士だから共有でき、子育てに見通しがもてることで安心できる機会になっています。

③ ライフサポートファイル

　親子教室後、今後も療育が必要と判断された場合は、親子通園施設につないでいきます。その際に、ライフサポートファイルを一緒に作成しています。ライフサポートファイルは、専門機関につながるまで、どのように育ってきたか（生育歴）、今のお子さんの姿や発達検査の結果、支援内容など、成長に伴う記録を1冊にまとめたものです。

　進級して担任の先生が変わる時、就職や福祉的手続きの際に同じことを何度も説明する負担、障害と診断された時を思い出すつらさの軽減が目的です。将来親が居なくても、わが子がどんな方に出会い、支えられてきたかを伝える手段として作成されたものです。保護者や子どもにとって、途切れない支援、移行支援の充実は必須であり、ライフサポートファイルは重要な意味をもっています。

　筆者は親子教室を卒業する際に保護者とライフサポートファイルの最初のページを作成します。一方的に記載するものではなく、何度も保護者とお子さんの得意なこと、苦手なことを共有しながら記入していきます。時には保護者からお子さんの素敵な部

分をさらに加えたり、表現を修正されたりすることもあります。このような協働作業をしながら、保護者がお子さんと向き合い、どのように子育てしていきたいかということが形づくられていくのです。

相談する側、される側という関係ではなく、対等によりよい支援や環境について方向性を決める作業は、小学校への就学相談や成人期への移行支援になくてはならないものです。記載は、基本保護者が多いですが、さまざまな機関の方にも記載してもらい、情報提供されたものをファイリングしています。

④ 就学相談

就学前相談の集大成として、就学相談があります。専門職として、どのような支援があると、その子が安心して通学ができるかという視点も重要ですが、保護者がどのような支援を求めているのか、そして、どんな環境で子育てをしていきたいかの想いを尊重しながら相談していきます。

行政機関での作業療法士は、具体的な支援を提供しながらも保護者と子どもに寄り添い、入り口の支援、つなぐ支援をする相談支援の役割が大きいのです。

Chapter 2

作業療法士、
放課後児童クラブに行く

岡山県作業療法士会のチャレンジ

〔岡山県〕専門学校川崎リハビリテーション学院作業療法学科 准教授、岡山県作業療法士会理事　森川 芳彦

　2013 〜 2016年、倉敷市の放課後児童支援員（以下、支援員）に対して、発達障害児対応の研修の講師をする機会がありました。支援員からは「落ち着きがない子どもに、どのように接すればよいのか。音に過敏な子どもに、どのように生活環境を工夫すればよいのか」など、たくさんの相談がありました。

　このような現状を知る中で、私は放課後児童クラブに専門家派遣の必要性があると感じ、2015年、市に専門家派遣に関する提案をしました。提案は実現しませんでしたが、二福のびのびクラブの運営者の目に止まり、2016年に支援員向けの研修会を2回開催、その後クラブにも訪問することになりました。私はクラブに行った経験がまったくなく、1部屋に所狭しと子どもがいて、室内遊びや読書など、思い思いのことをして過ごしている様子はとても印象的でした。子どもたちはみんな元気で活発でしたが、感覚に過敏さのある子にとっては刺激が多すぎて過ごしにくいだろうなという印象をもちました。

　放課後児童クラブは生活と遊びの場を提供し、子どもの成長を育むことを目的としています。OTも生活と遊びを大切にし、感覚や運動といった身体機能や精神機能などの知識、遊びなどの活動の分析、人や物を含めた環境の工夫ができるため、その一翼を担えるのではないかと思うようになりました。

「研修でいろんな知識を得るけれど、自分のクラブのこの子には、どう接したらいいのだろうか。クラブに実際に来てもらうことで、それができた」と支援員がうれしそうに話していた。岡山県で作業療法士連携を広げていけたのは、岡山県作業療法士会の全面協力があったから。あたたかく受けとめてくださった岡山県作業療法士会の学童保育連携のあゆみと人材育成を紹介してもらう。

---

① 放課後児童クラブ
──作業療法士連携事業のこれまでのあゆみ

　まずは、これまでのあゆみですが、岡山県学童保育連絡協議会（以下、県連協）の2016年度備中県民局協働事業「『地域で、チームで、長い目で』学童保育を核に発達障害があっても自分らしく暮らせる備中地域づくり事業」がスタートしました。その中心的な事業は、放課後児童クラブにOTを派遣するコンサルテーション事業でした。

　放課後児童クラブでは、ASD、ADHDなど発達障害と診断された児童や、発達の気になる児童も学校の宿題や遊びをして過ごしています。支援員は、それらの子どもへの関わり方や声かけの仕方に困っているという現状がありました。一般社団法人岡山県作業療法士会（以下、県士会）では、支援員の困りごとに対して放課後児童クラブからの要請に応える形で、2016年度に県士会の中に学童保育支援委員会を発足しました。

　その後、2020年度からは放課後児童クラブのみならず、幅広く子ども領域からの依頼に応えられるようにするために、子ども地域支援委員会（以下、委員会）に名称を変更し、県士会の特設委員会として位置づけられました。この放課後児童クラブ──作業療法士連携事業は2023年度で8年目となります。これまでの放課後児童クラブ──作業療法士連携の経過を表1にまとめました。

表1）これまでの放課後児童クラブ──作業療法士連携のあゆみ

2016年度	備中県民局協働事業の開始	
2017年度	備中県民局協働事業、備前県民局協働事業、津山市市民協働事業	
2018年度	備中県民局協働事業、備前県民局協働事業、WAM助成費の事業	
2019年度	科学研究費助成事業、WAM助成費の事業、鏡野町	
2020年度	笠岡市の事業、鏡野町	コロナ禍
2021年度	笠岡市の事業、吉備中央町	
2022年度	笠岡市の事業、県内の児童クラブ（県連協募集）	
2023年度	笠岡市、矢掛町、岡山市ふれあい公社、県内の児童クラブ（県連協募集）	

※笠岡市と矢掛町は、岡山県放課後児童クラブ学びの場充実事業（単県独事業）による

① 子ども地域支援委員会の役割

子ども地域支援委員会（以下、委員会）は、地域貢献を目的に以下の役割を担っています。

> ① 自治体・民間団体の子育て支援事業に対して、OTの派遣を行い、地域に貢献する。
> ② 発達障害、発達の気になる子どもの支援者に対して、作業療法的な視点でアドバイスを行い、子どもの健康的な発達促進に間接的に関わる。

② 子ども地域支援委員会の事業内容

委員会は、以下の3つの主要な事業を行っています。

> ① 子育て支援に関する研修会への講師派遣
> ② 保育園、幼稚園、放課後児童クラブ、子育て支援団体への作業療法士のコンサルテーション事業
> ③ 教育の現場へのOTの派遣事業

③については、小中学校、高等学校、特別支援学校にOTを派遣するまでには至っておらず、これから力を入れていく必要がある事業です。

③ OT の派遣基準

委員会では、以下のようなOTの派遣基準を設けています。

> ① 県士会の会員であること。
> ② 発達障害児・者を対象にした臨床経験年数が5年以上のOT（以下、指導OT）は、1人で訪問可能とする。
> ③ 発達障害児・者を対象にした臨床経験年数が5年未満のOT（以下、育成OT）は、5年以上のOTと一緒に訪問する。
> ④ 派遣スタッフの人選は委員会で決定する

②の「対象」には、発達障害児、ならびに発達障害者も含んでいます。理由としては、精神障害領域に勤務するOTにも指導OTとしての参加を促し、精神障害領域の普段の臨床経験を活かすことを目的としています。

④ 同行システム（On the Job Training；OJT）

OJTとは、新人や業務未経験者に必要なスキルや知識を、経験のある者が実務を通じて指導していく教育方法のことです。委員会では、児童クラブ訪問時には、指導OTに育成OTが同行するOJTの形態にしています。訪問前に将来の指導OTを育成し、より地域支援を担っていくために、育成OTのシステムを設けており、数名の育成OTの同行を許可いただくように児童クラブにお願いしています。県士会として、人材育成を継続する仕組みをつくっていますので、引き続き、育成OTが同行することについてご理解とご協力をお願いしたいと思います。

⑤ 年度別の事業に参加した OT 数

ここでは年度別に事業に参加したOT数をまとめました。表2は、事業に参加した指導OT数、育成OTになります。2018年度には事業が拡大し、総勢57人ものOTが放課後児童クラブに訪問しました。これは、事業に対する参加したOTの関心の高さを表していると考えます。

図1は、事業に参加した児童クラブ数を示しています。2018年度が最も多く、その後、県民局事業の終了やコロナ感染の影響を受け、2019～2021年度にかけ、参加児童クラブは減少しましたが、2022年度には、増加に転じました。これはコロナのワクチン接種が進み、社会活動の制限が軽減したことも理由の一つとして挙げられます。

表2）事業に参加した指導OT数、育成OT数

年度	2016	2017	2018	2019	2020	2021	2022
指導OT	12	17	14	12	6	5	17
育成OT	2	18	43	21	12	9	21
総　計	14	35	57	33	18	14	38

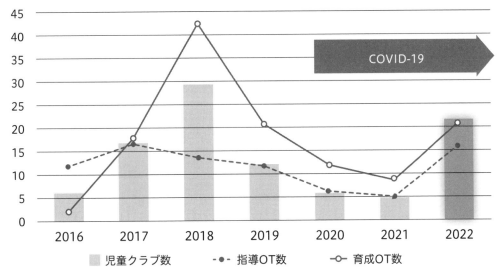

図1）事業に参加した児童クラブ数、およびOT数

⑥ コンサルテーション事業の流れ

　図2はコンサルテーションの流れです。OTは、訪問先の児童クラブから事前情報シートの提供を受け、情報収集後に訪問します。訪問時には、事前情報と照らし合わせながら対象児童の様子やその子を取り巻く人や環境について観察します。支援員との話し合いの場面では、指導OTは事前情報シートから得た情報や現地で支援員から得た情報、対象児やクラブの様子などを総合的に考えて、支援員と話し合います。指導OTは支援員に対して主に子どもの行動の原因、目標設定の明確化（子どもの将来の姿）、具体的な支援方法（関わり方、声かけの仕方、環境設定など）について具体的な提案をします。

　コンサル終了後、育成OTは7日以内に報告書を作成し、指導OTに提出します。指導OTは10日以内に報告書をまとめ、児童クラブにお送りしています。報告書を提供することによって、支援員は話し合いの内容を後からでも振り返ることができるため、保育実践に活かしやすいと考えています。

　話し合いや報告書の提供後、支援員の実践が行われます。支援員は子どもへの関わり方を変えてみたり、その子に応じた環境を整えたりします。次回の訪問で、子どもにあまり変化がみられなかった場合、指導OTは子どもの近況も含めて、再度、支援員から情報提供を受け、しばらく様子を見るのか、支援方法を変更するのかについて再考します。

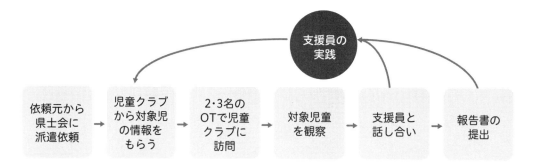

図2）コンサルテーション事業の流れ

⑦ OT コンサルを受けた支援員の感想：
2017 年度　備中県民局報告書より[1]

　OT コンサルを受けた支援員からさまざまな感想をいただきましたので、その感想の一部を紹介します。

・子どもの理解や対応にどれだけ多様性を持たせることができるかが常に私たち支援員の課題です。OT のみなさんの専門性に基づく視点は、支援員にとっては新しいアプローチであり、とても参考になりました。訪問してくださった OT のみなさんが出来事や気持ちを肯定的に捉え、助言してくださる姿勢は、とても嬉しく感じました。子どもだけでなく、支援員にも温かいまなざしで言葉をくださいました。

・児童それぞれのアドバイスを可能な限り試させてもらい、わずか1回目からその効果が現れたことに驚きました。回数を重ねていくごとに児童も落ち着き、今までと違う顔を見せてくれるようになり、支援員も対象児の保護者も嬉しく感じました。OT さんとの連携の必要性を感じる今日この頃です。

・OT さんの視点が私たち支援員と違い、気づかされることが多かったです。児童の行動を感覚の面から捉えることは、児童の気になる行動の原因を助ける手助けになりました。落ち着きのない児童は感覚が何かしら過敏であることが多く、知識や理解のないまま、狭い部屋でたくさんの児童がいる中で、児童も支援員もしんどい思いをしているところは多いと感じました。

2　人材育成について

　地域支援を推し進めていく上で、人材育成は欠かせません。ここでは、①人材育成のための研修会、②人材育成のためのOJT、③合同事例検討会、④今後の課題について述べたいと思います。

① 人材育成のための研修会

1）事業開始初期の人材育成プログラム

　人材育成のための研修会は、2017年度から開催されました。初年度の基礎＆応用研修プログラムを以下に挙げます。放課後児童クラブにおいてOTがコンサルできるようになることを目的に研修会を開催しました。このような研修会に参加することを通じて、知識を蓄えることは非常に大切なことであると考えています。

図3）研修プログラムの場面

　研修会を始めた頃は、OTは放課後児童クラブのことをよく知らない状況でしたので、基礎研修プログラムとして、児童クラブ関係者を招いて、どのようなところか、

表3）2017年度　地域支援のできるOTの人材育成のための研修会（県士会員向け）

基礎研修	第1回　5月	「県民局協働事業のこれまでとこれから」 講師：岡山県学童保育連絡協議会　会長 「放課後児童クラブの現状」 講師：Aクラブ　所長兼支援員
	第2回　6月	「放課後児童クラブのOTコンサルテーションにおける アセスメントとアプローチ（その1）」　講師：OT
	第3回　7月	「放課後児童クラブのOTコンサルテーションにおける アセスメントとアプローチ（その2）」　講師：OT
応用研修	第4回　9月	「グループワーク（事例検討）」

何をしているのか、支援員はどのようなことで困っているのかについて学びました。また、コンサル経験のあるOTが講師となり、コンサルに必要なアセスメントの視点、アプローチの方法について研修会を行いました。応用研修プログラムとして、事例検討も行いました。事例検討はグループワーク形式で、事例のアセスメントと支援方法を考え、発表するという内容でした。

　研修会に参加したOTの感想を一部紹介します。

・障害特性の理解、アセスメント力、幅広い知識を身につけていく必要性を感じました。
・「人」「環境」「活動」から考えるアプローチ方法は理解しやすかったです。今後のコンサルに生かしていきたいと思いました。
・具体的な着眼点や支援の方法について聞くことができ、大変勉強になりました。実際の訪問時に生かしていけたらと思いました。

2）講師の経験を通した人材育成について

　2017年度には、岡山県学童保育連絡協議会主催の研修会において、OTへの講師依頼を多くいただきました。発達障害領域のOTのみならず、精神科領域・就労領域のOTにも依頼し、講師として登壇していただきました。支援員にとっては、目の前の子どもが大きくなったときの姿を想像するのに役立ったり、子どもが学校で不適応に陥ったときに、どうなってしまうのかについて学ぶ機会になったのではないかと考えています。

　OTにとっては、このような講習会で講師を担うことは、OT自身のスキルアップの場になるのではないかと考えています。講習会では、経験年数10年未満の若手のOT

表4）2017年度　講師依頼の実績一覧

備前県民局協働事業の連続講座	第1回　　9月　　講師：発達障害領域OT 第2回　10月　　講師：発達障害領域OT 第3回　12月　　講師：就労移行支援事業所OT
備中県民局協働事業の連続講座	〔新人向け支援員入門講座〕 　　　　　11月　　講師：発達障害領域OT2名（若手） 〔中堅支援員向け連続講座〕 第1回　12月　　講師：発達障害領域OT 第2回　　1月　　講師：発達障害領域OT2名（うち1人は若手） 第3回　　2月　　講師：精神科OT
津山市市民協働事業	第1回　　7月　　講師：発達障害領域OT 第2回　10月　　講師：発達障害領域OT（若手）

にも講師を担っていただきました。若手のOTは、研修会において講師した経験のあるOTから事前にアドバイスを受けた上で、講師を担当していただきました。アクティブラーニングでは、講義を受身的に聴講するよりも、自身が教える立場に立ったほうが、より深く学ぶことができると言われています。このように講師としての経験を積む中で、普段の臨床で用いている知識を再度確認する機会になっていると考えています。

② 人材育成のためのOJT

1）現地訪問を通した人材育成の意義について

育成OTは指導OTに同行する仕組みにしています。現地訪問した際には、指導OTは支援員に対して、子どもの行動の原因、目標設定、具体的な支援方法（声かけ、関わり方、環境設定）について、さまざまにアドバイスをします。その内容を通して、指導OTから見るべき視点について学びます。

また、支援員は普段から実践していることが、適切であったかどうかについて不安に思っているとよく聞きます。指導OTは支援員の不安について十分に傾聴する姿勢をとっています。このような支援員に対する指導OTの態度についても育成OTは非常に参考になるでしょう。以下にコンサルに参加した育成OTの感想の一部を紹介します。

■ 育成OTの感想（2017年度 備前県民局報告書より [2]）

- 指導OTの評価・アドバイスを聞くことで、普段の臨床では得られない学びをすることができました。児童クラブへ訪問して適切なアドバイスをするには、やはり発達障害への深い知識や豊富な経験が必要だと感じ、それらの経験を積むことの難しさを感じました。

- 支援員のみなさんが一人ひとりの子どものことを丁寧に見て、よりよい関わりを模索されていることを知り、目標や情報を共有したり、積極的に連携をとったりすることの大切さを感じました。指導OTがどんな視点で対象者や環境を見ているのかについて学ぶことができ、とても良い刺激を受けました。

2）報告書を作成することの意義について

訪問したOTは、訪問後、報告書をまとめる必要があります。指導OTにとっては報告書を作成する中で、自身の考えを再考する機会になります。支援員との話し合いの時に、伝えたことは適切であったか、伝え漏れはなかったか、新たにアドバイスで

きることはないかなどを振り返ります。報告書を作成する時には、なるべく専門用語を使わないようにします。OTが普段当たり前のように使っている専門用語は支援員に伝わらない可能性があります。OT自身も専門用語に頼っており、わかったつもりになっていることもあります。したがって、一般の方に理解できるような用語が用いられているのか自己チェックする機会になり、専門用語の意味を改めて考える機会になります。以下に報告書の記載例をご紹介します。

■ 報告書の記載例：Aくん（2年生／ADHD）

〈音の過敏さについて〉

　本児は、周りが騒々しいと「うるさい、バカ！」と言って、声を荒げて周りの子どもに暴言を吐くのですね。最近では、運動会の練習があり、学校で嫌なことがあったときには、イライラしている様子がみられるとのことですね。

　これは本児が音の刺激に過敏に反応しやすい傾向があるためだと考えます。過敏さは、その時の情緒にも影響されやすく、気持ちが落ち着いていないときには、より過敏になりやすい傾向があります。

　対応として、可能ならクラブにイヤーマフをおいておくとよいでしょう。他の子どもさんも使えるようにいくつか購入しておき、使いたい子どもが使えるように共用にすると、公平性も保たれると思います。

　また、本児はとても手先が器用で、よく牛乳パックの空き箱や段ボールで工作を作っているのですね。本児の得意を活かして、一緒に段ボールハウスを作ってもよいでしょう。児童クラブは、沢山の子どもさんが一緒に場を共有して生活しているので、なかなか落ち着きたい時に一人になれないと思います。そのような時には、段ボールハウスの中で、過ごすことを許容してあげると、本児も安心できるでしょう。

　これらのことは、育成OTにとっても同様のことが言えると思います。育成OTにとっては、報告書をまとめる過程は、指導OTのアドバイスの内容の意味を考える機会になると考えます。稗田[3]は育成OTが報告書をまとめることの意義について以下のように述べています。

■ 育成OTがまとめる報告書について

• 報告書は、指導OTが支援員に行ったアドバイスの内容や、現時点で育成OTが自分なりに考えたことをまとめることにしている。

- 指導OTに提出する報告書は自分自身の振り返りになる。
- 育成OTが作成した報告内容に指導OTが追記して、育成OTに返信してくれるので、自分では気づかなかった視点を与えてくれる。
- 経験を重ねるうちに視野が広がって、アセスメント力がついていくことを実感できる。

3）OJTについてのOTの感想

　2021年度、委員会が主催し、情報交換会を行いました。情報交換会は、コンサル事業に関与したOTが参加し、毎年、放課後児童クラブ─作業療法士連携事業の振り返りを行っています。グループワークをして、この事業のOJTについて意見を交換しました。OTの意見を以下に紹介します。

- 発達障害領域のOTの指導を受け、知識を吸収することのできるシステムであると思います。
- 指導OTに育成OTとして同行し、指導OTの大切にしているアイデンティティを知り、OTとして価値観をアップデートすることができて良かったです。
- 現場で育成OTと指導OTが一緒に考える場が非常に大切であると感じました。指導OTが育成OTに対してアドバイスやサポートをしながら行うとよいと思います。

　このようにOJTは、育成OTにとって知識や指導OTの考え方を学ぶ機会になっているようでした。OTにとって概ねよい仕組みであることがうかがえました。この育成OTの人材育成の方法については、まだまだ改善する必要があると考えています。詳しくは今度の課題のところで述べたいと思います。

③ 合同事例検討会

　2019年度には、支援員とOTとの合同事例検討会を開催しました。グループワークによって事例についてのアセスメント、子どもに対する声かけや関わり方、環境設定の方法について学ぶということが目的でした。合同で事例を検討することから得たものは、お互いの子どもを見る視点を学び合うということでした。領域が異なることで、それぞれにとって新たな視点が得られました。この研修会は、お互いにとってのスキルアップに役立つものであり、今後も企画していきたいと考えています。以下に支援員・OTの感想を紹介します。

■ 支援員の感想

• グループのみなさん全員が発言して、それぞれの立場からの視点に新たな気づきがありました。視点は増えたが、事例の子どものことを考えようとする姿は同じでした。今回のようなたくさんの気づきがある研修会はとても有意義だと感じました。

• 事例を検討した上でのまとめを聞くと、大変整理ができて、より理解が深まりました。普段、聞き慣れない言葉もあり、とても新鮮でした。明日からクラブの子どもたちとの接し方の参考にさせていただきたいことが盛りだくさんでした。

■ OTの感想

• 実際の事例を用いて、OT・支援員としての着目点を話し合うことができ、自分では気づけないところに気づくことができました。話し合いの中で、児の特徴や支援方法を深く考えることができました。

• 改めて気づいたことは、支援員はよいアイデアや視点を持っているということです。非常に専門的に多角的に考えているように感じました。その専門的な視点に私たちOTの視点をエッセンスとして付加することは対象児のためになると考えます。

• 支援員とOT、それぞれの視点で子どもをみると、子どもが過ごしやすい環境にもなっていくと感じました。支援員の知識量に驚き、とても刺激になりもっと勉強したいと思いました。

他児と遊びたいが、うまく誘えないことについて

▶行動の原因
・学校での過ごし方　遊べる友だちがどれだけいるのか　誘える経験がとぼしい
・誘い方がわからない
・学校でのストレスを抱えて帰ってきている
・遊びを知らない
・社会性からみるととても幼い
・周りの子たちの理解が少ない
・なんて誘っていいのか「わからない不安」が恥ずかしい表現となっている
・双子という環境（遊び相手がいる）
・遊びを企画するのが難しい
・・・・・・・・・・・・・・・・・・・・・・・・・・・・・・・・・・・・・
▶支援方法
・遊びを具体的に提案する　支援員がつなぐ
・好きな遊びを取り入れる工夫
・誘われる経験をまず多く
・遊びをいっしょに考える
・いっしょにいる子どもたちをよく見つける
・安心できる環境として、双子のBくんといっしょがいいかも
・共感　たくさん認められる経験を⇒まわりの子もAくんを評価できるように
・5年、6年、中学をみすえてのかかわり方（見通し）

図3）
グループワークで
まとめられたシート

　人材育成の今後の課題は2つあると考えています。1つは育成OTの人材育成をどのように行うのかということ、もう1つは訪問先を確保するために広報活動をどのように進めるかということです。

1）育成OTの人材育成について

　これまでの育成OTの人材育成の方法は、指導OTが支援員にアドバイスをしている様子を見る、コンサル後に報告書をまとめることで学ぶようにしています。さらに育成OTに学んでもらうためには、コンサル前後に指導OTから指導を受けるとアセスメントや支援の方法についてより深く学べると考えています。訪問前に支援員から事前情報シートをもらい、指導OTはその情報から子どもの状態をある程度アセスメントします。指導OTがアセスメントしたことを育成OTに教えることによって、育成OTは子ども状態を理解でき、訪問時にその情報と照らし合わせながら、実際の子どもの様子を観察することができると考えています。訪問後、指導OTが育成OTの作成した報告書を添削することも育成につながると思います。指導OTにとっても、育成OTに教えるということを通じて、自身の考えを推敲することになり、考えをまとめるよい機会となるでしょう。

　OJTは指導OTと育成OTの双方にとって教育的な意味があると思いますが、指導OTが育成OTに対して訪問前後に指導することは十分な時間と労力が必要になるため、指導OTの負担が増えることが予測されます。どこまでを指導OTの役割とするのかについては、さらに委員会で検討が必要になると考えています。

2）事業拡大・拡充するための広報活動

　2020～2021年度は、コロナ感染の影響を受け、地域からの依頼が減少しました。その影響を受け、派遣できるOTは限られてしまいました。OTを育成していくには、実際に現地訪問し、そこで支援員の相談事を聞き、子ども自身や子どもを取り巻く環境を考慮して、アドバイスを考えるという過程が大事であり、OT自身のスキルを高めることにつながっていると思います。しかし、訪問先が少なくなると、人材育成においてはかなりマイナスになってしまいます。

　訪問先を広げるために、発達障害領域のOTのことや委員会の活動を知らせるリーフレットやチラシを作成して、発達障害領域のOTがどのようなことをしている職業

なのかについて地域に広報をしていくことも課題であると考えています。最近では、SNSへの発信も重要性を増していると考えています。どのような情報をどのような手段で発信すればよいのかについても今後の課題です。

　これらの今後の課題については、委員会にて一つずつ人材育成の方法を検討し、推し進めていきたいと考えています。そして、OTが地域の児童クラブでコンサルを実践し、支援員やその周囲の人たちから、OTに相談してよかったと感じてもらえるように活動していきたいと考えています。

謝辞：一般社団法人岡山県作業療法士会　西出康晴会長はじめ、子ども地域支援委員会の委員のみなさまにおかれましては、原稿を作成するにあたり、ご尽力いただいたことに対して心より感謝の意を表します。

〔引用文献〕
1）岡山県学童保育連絡協議会：平成29年度　岡山県備中県民局協働事業　提案募集採択事業「地域で、チームで、長い目で」学童保育と作業療法士の連携で安心の子育てを：8-10，2017.
2）岡山県学童保育連絡協議会：平成29年度　岡山県備前県民局協働による地域づくり事業　作業療法士とともにつくろう創造的な放課後や生活を！　スキルアップ事業報告書：3-4，2017.
3）稗田玲子：身体障害領域OTが放課後児童クラブ訪問事業に育成OTとして参加し学んだこと．作業療法おかやま28：15-19，2018.

Part 4

未来はそこにやってきている
——まちに、野に里に、作業療法士

　天敵に食べられてしまうかもしれない海に最初に飛び込んで、仲間に安全を知らせるのがファーストペンギンです。ここでは、そんな作業療法士たちの新しい取り組みを紹介します。前例のあまりない何かを始めるということは、本当に勇気のいることだと思います。

　1901年、ヨーロッパ視察から帰国した呉秀三は、開口一番に日本における作業療法の必要性を説いたといわれます。それから120年あまり、作業療法は確かに日本に根づいてきましたが、地域住民にとってもっと身近な存在になる必要があると感じています。

小林隆司

1 私はやっぱり作業療法士だ 地域おこし協力隊員

備前市地域おこし協力隊　山田 佐和

岡山県備前市

❶ ミッションは学童保育連携

　私の今の肩書きは、「地域おこし協力隊」。主なミッションは、作業療法士として、備前市の学童保育連携を進めています。「地域おこし協力隊」を少し説明すると、『過疎化や高齢化の進行が著しい地域において、地域外の人材を積極的に受け入れ、地域活動を行ってもらい、その定住・定着を図ることで、地域での生活や地域社会貢献に意欲のある都市住民のニーズに応えながら、地域力の維持・強化を図っていくことを目的とした制度』です（「Wikipedia」より）。

　私は、大学卒業後 5 年間、愛知県の肢体不自由児通園施設で作業療法士として働き、退職後、約 1 年半、新婚旅行と称し、夫婦二人でバックパックを担ぎ世界一周の旅に出ました。そして、その後、生まれ育った和歌山県の医療福祉センターで、再び作業療法士として約 8 年間働きました。新人で一人職場の頃は、1 日も早く、頼られる作業療法士になりたいと、休日返上で勉強会に参加しました。家族をもち、子どもができると、大切にしたいことが徐々に変わり、作業療法士として自己研鑽に費やすことが減ってしまっていました。経験よりも、年齢ばかりが年を重ね、自分の作業療法士としての自信もなくなっていきました。

　また、病院という場所で、「困りごとを抱えた親子」を待っていることや、会社という枠の中で働くことに窮屈さを感じ、もっと地域に出てみたらどんなだろう、こんな私でも役に立てることがあるのではという想いに駆られました。

　そんな中、2022 年 3 月に一家で備前市に移住し、地域おこし協力隊として、作業療法士のスキルを活かしながら地域で働くこととなりました。移住のきっかけは、「田舎暮らし」「田舎で子育て」。世界一周中に、「地に足ついた生活を。自分の食べるものは自分でつくりたい。心にゆとりある生活をしたい」と考えるようになったのです。そしていつかは、「田舎へ移住したい」「子どもたちに野山をかけまわって遊ばせたい」と想っていました。そんないつかも、日々の暮らしの中であきらめかけていましたが、コロナ禍での病院勤務の日々や、子育てと仕事の両立に悩み、子どもが小学校にあが

るタイミングで、家族で一大決心しました。1年以上かけて「いつか」の夢にあう所を探し、ついに住む場所が決まりました。住む場所が決まれば、次は、仕事。思い切って、移住のタイミングで作業療法士としての肩書きは捨てて、新しいことを始めるつもりでした。そんな時、オンラインの移住セミナーに参加。先輩移住者で、地域活動をするキーマン的な女性に出会いました。彼女は、私が作業療法士だと聞くと、「ぜひ！　うちの学童と連携してほしい！　のどから手が出るほど、作業療法士さんとの連携を欲していた!!」と声をかけてくれました。

　そして、たまたま、地域おこし協力隊のフリーミッションの募集があり（応募者が、自分にできるスキルを活かして、地域に貢献する提案型の地域おこし協力隊）、彼女の後押しもあり、応募してみることになりました。そこからは、人のご縁でいろんなことがあっという間につながり、採用が決まる前から、「こどもの居場所」づくりを地元のカフェオーナーと始める話が舞い込んできました。

❷「こどもの居場所」×作業療法士

　岡山県の端っこの備前市、そのさらに県境、天狗山の麓にその場所はあります。古民家を改装したコミュニティカフェはその名も「天Gooカフェ」。地域のコミュニティの場になればと、カフェを営業していたオーナー。そこに、たまたま知り合った私が意気投合し、「こどもの居場所」づくりをすることになりました。

　3月末に移住し、開設準備、5月には、第一回の居場所を開催するというスピード。移住前は、田舎に移住したら少しゆっくりしようと考えていましたが、そんな暇はありませんでした。週2日、水曜日と金曜日の午後3時半〜6時半まで開けています。最初は、わが子とその友だちくらいしか来ていませんでしたが、次第に、訪れる子どもが増え、月一回の「みんなで夜ごはんを食べる日」は、乳幼児から大人まで20人ほどの利用で盛況になりました。こどもの居場所を手伝ってくれるメンバーは主に4人。私、カフェオーナー、地元の主任児童委員さん、同じ地域おこし協力隊の同期。オーナーは、元保育士として地域とのつながりや住民からの信頼も厚く、民生児童委員さんは、地域の情報のバンク、同期の彼は、遊びの天才。なんともバランスのとれたメンバーです。

　私は、作業療法士やこれまでのいろいろな経験を活かし、人をつなげ、居場所の企画運営、環境設定などを行っています。こどもの居場所を運営してみると、そこに来る、子どもたちの笑顔の裏にあるさまざまな背景や、地域の課題が見えてきました。

少子化地域ですが、そこには、発達障害、不登校、母子家庭、父子家庭、ネグレクトなどさまざまな問題がありました。「こどもの居場所」の活動ですべてが解決するとは思えませんが、地域において、安心できる大人たちの見守りや、子どもたちが安心して集える場所を継続して運営していくことが、少しでもこれらの問題を解決する糸口になればと思っています。

❸「学童保育」×作業療法士

　晴れて、備前市の地域おこし協力隊として就任が決まり、活動が始まりました。移住する前から、地元で活躍するキーマンの彼女が、作業療法士としての私を必要としてくれたことも、今の活動に大きく影響しています。

　たまたま、数年前の新聞記事で、「学童保育と作業療法士連携」を読み、活動はなんとなく知っていましたが、まさか数年後に自分がすることになるとは思ってもみませんでした。いや、まだ、先駆者の方々のようなすばらしい取り組みとはほど遠いですが。通園事業所や病院で働いていた頃、保育所等訪問事業に携わることはありましたが、現場の保育士さんとの連携に難しさを感じることが多く、外から来た、専門家からのアドバイスは、時に感謝されることもありましたが、煙たがられることもありました。学童への訪問経験なんてなかったですが、私の移住に併走するかのように、彼女がいばらの道を切り開いてくれました。未知の領域への一歩に対して、躊躇する間も与えてくれなかったとも言えます。

　私は私のやり方で、手探りで初めての学童保育連携をスタートさせました。訪れた学童保育の現場を見て驚きました。コロナ禍で共通言語となったソーシャルディスタンスとはほど遠いほどの密。狭い教室に、物があふれ、視覚情報があふれる。教室には、会議でよく使う長机がびっしりと並べてあり、前の机との間隔は30cmもありません。一つの長机に間隔を開けて二人ずつ座る。薄いマットをひいているが、固い教室の床の上で正座して、そこで宿題をするのです。換気をよくするために開けられた窓からは、大きなトラックが往来する雑音がひっきりなしに聞こえてきます。

　子どもたちはこんな状況の中で数時間とはいえ放課後を過ごしていたのか?!　共働きが増え、待機児童が出るほど学童保育への需要は高く、学童保育は学校を凝縮した集団でした。

　作業療法士なら、きっと一歩踏み込んだ瞬間に環境へアプローチしたくなるでしょう。現場のニーズを聞いてみると、困りごとの目立つ子どもへの対応の仕方でした。

制約の多い学童保育現場では、物理的環境に手を加えるのが難しいことも多かったけれど、なんとかできる範囲で、少しでも子どもたち、そして、保育者にとって居心地のいい環境を考えていきました。

また、困りごとの多いケースについては、お子さんの全体像を捉えて一方的に伝えるのではなく、保育者が子どもの特性を理解できるように、また自分の関わりを振り返ってもらい、他者の考えも知ることができる機会になるようにとダイアローグ形式での意見交換を行いました。はじめは、外から来た専門家の言うことに一歩引いてみている様子だった職員からも、話し合いの場では、少しずつ思っていることが聞かれるようになりました。

お互いに、どんなふうに子どもを捉えていたのか、困りごとの原因は、子どもや親にだけあると決めつけていたところから、最終的にはありのままの子どもや親を受け入れて、学童スタッフとして、今できる支援を見つけていこうという形でまとまっていきました。最後に、私が作業療法士的視点で、子どもの特性を伝える。みんなが、「あっ、だからだったのか!!」と、子どもへの困りごとと、その子の特性がつながった瞬間に納得する。ほんの少しの視点だが、現場は必死で気づかない。そんな視点でもって学童現場に新しい風を吹かせることができるのが学童保育×作業療法士連携の面白さだと、感じ始めています。

まだまだ新米。学童保育×作業療法士連携を語れるほどではないが、これから地域で学童を支える1人になれたらいいなと思っています。

❹「私のこれから」×作業療法士

病院を離れ、地域に飛び込んでみたら、案外、作業療法士としての活動のポテンシャルは高く、また、ニーズも高いと感じています。『作業療法士としてのアイデンティティはぼんやりしているなぁ』とずっと思ってきましたが、その曖昧さが、今までは病院という枠の中だけでしか活躍できなかった作業療法士の可能性を広げてくれた気がします。一度は「作業療法士」としての肩書きを捨ててしまおうと思いましたが、今は、「作業療法士」としての自分を誇りに思っています。

昔、恩師に「作業療法士は、作業療法をすればいいんですよ」と言われたことがあります。私の臨床の場は、病院ではなくなってしまったが、これからも、地域というフィールドで、目の前にある困りごとに対して、作業療法をしていきたいです。

2 『間』に存在する「あそび」
──私的活動から見る作業療法的思考

早川 佳乃

三重県

❶ "私" のこと

「地域で活動する」と言っても、現在の私には、地域において「作業療法士」としての公の位置づけも立場もない。地域にいるさまざまな立場の"私"が、作業療法のフィルターを通して「地域で活動」をしていると言ったほうがよいのかもしれない。

私の「作業療法士」としての職歴は20年を超えたが、その間、医療・福祉・教育・行政の分野の主に小児に関わる作業療法士を経験してきた。その経験の中には、地域包括ケアシステム（地域包括ケア会議、通いの場づくりなど）に関わり、小児の枠にとどまらず「行政の作業療法士」をしていた時期も数年ある。

しかし、そんな「行政の作業療法士」の頃よりも、今のほうが私にとっては「地域を知る」「"作業療法とは"を考える」機会があるように思う。

❶ 「むすぶ －掬ぶ－」のこと

■ はじまり

2018年に「行政の作業療法士」を辞めて以降、病院・事業所・特別支援学校などでフリーの作業療法士として勤務するかたわら、知人が行っている子育てサークルなどに、時おり顔を出し「プチ相談」と称し、サークルを訪れる親子や20年のOT人生の中でつながってきた親子と再会し話をしたり、相談を受けたりしていた。しかし、2020年当初からのコロナ禍により、人々が集い、話をしていたバショがなくなり、今までの親子とのつながりが途絶えてしまった。そこで、サークルで話をしていた親子と再びつながり直す目的で、2020年4月に私個人でLINE公式アカウント「むすぶ －掬ぶ－」（以下、「掬ぶ」）を立ち上げ、LINE上につながるバショを設けた。

■ 想い

「掬ぶ」という言葉には、「〔古語〕てのひらを合わせて水をすくいあげる」（広辞苑）

という意味がある。「掬」という字を使ったもう一つの言葉「掬する（きくする）」は、「気持ちをくみとる。推し量って理解する」という意味がある。この「掬ぶ」は、「自分の手のひらに入る範囲しかすくいあげることはできないけれど、今までで何らかのご縁があった自分の手のひらの中にいる人たちの気持ちをくみとり、決して手のひらからこぼさない」という想いで名づけた。

■ していること

「掬ぶ」でしていることは以下の三つがある。（図1）

① LINE上での登録者と私との1対1のやりとり
② 私からの一斉LINEのお便り
③ 私と個別に行うお話し会

①②のLINE上のやりとりから始めた「掬ぶ」は、①の1対1のやりとりを行う中で、会って話をしたほうがよいと思う内容が多くなり、「掬ぶ」を立ち上げて3か月後から、感染予防対策を万全にした上で③のお話し会を始めることにした。お話し会は、2、3か月に一度、1日NPO団体の事務所の一室や商店街のカフェを借りて、1時間に1人（組：子ども連れOK）ずつ、私と会って話をする会である。申し込み制で1日約8人（組）の登録者と話をしている。

■「掬ぶ」を始めて気がついたこと

LINEやお話し会のやりとりを通して、地域にはさまざまな『間』が存在し、親子は『バショ・ヒト』を欲していることに気がつく。

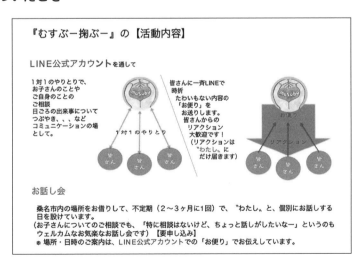

図1)「掬ぶ」のパンフレット

■ 公的な資源（医療・福祉・教育）や社会との『間』

ここ十数年で公的な資源や制度は増え続け、資源につながる相談機関も整ってきている。しかし、うまく資源につながっていない親子もいる。利用できるはずの公的な資源や制度との『間』、特に不登校児の親子にとっては学校や相談機関との『間』、同年代の子育て中の親との『間』、同じ悩みをもつ子育て経験のある親との『間』などが存在する。

■ 社会や公的資源についての不安や疑問、呟きを吐き出す『バショ・ヒト』

社会や公的資源との『間』がなぜ生じるのか。一つの相談機関で子どもの話を一から説明したものの、思っていた対応を得られずにうまく支援につながらなかった経験をしたことで再度相談することを躊躇する。毎学年担任が変わる中、学校に行けず、子どもと顔を合わせたことのない担任に何を話したらよいのかわからない。子育ての悩みを同年代の親に話しても共感してもらえるのか、予期しない答えが返ってきたらどうしよう。といった思いから『間』が生じ、親子は孤立する。そんな『間』自体を埋めることができなくても、手立てが見つかり解決につながらなかったとしても、ひとまず胸の中のモヤモヤを吐き出して置いておける『バショ・ヒト』を欲している親子がいる。

■ 子どもについての困ったこともうれしいことも話せる『バショ・ヒト』

LINE上のやりとりやお話し会で、お子さんについてのうれしい知らせを聞かせていただくことが度々ある。学校でお子さんが書いた詩を「思ったより良かったので伝えたくて転送します」とLINEで送っていただく。学校でお子さんが描いた絵を「あんなにクレパス持つのも嫌だった子が『好きなこと』という題名でこんな絵を描いたの。親バカだけど見て」とお話し会に持ってきていただく。このうれしさを照れ隠ししながらも伝え、一緒にジーンとくる気持ちを共有できると思える『バショ・ヒト』を欲している親子がいる。

■ "わたし"の経験から気づいた『間』、そこに存在する『作業療法』『あそび』

私のOT人生において、師だと（一方的に）思っている作業療法士の小松則登氏が、著書[1]の中で「遊びとは何か？」について述べており、その文章は「遊び」を国語辞典から引用するところから始まる。辞典に掲載されている意味の中で特に重要な言葉として「機械の連結結合部などに設けた余裕、すきま」を挙げている。

私自身、二人の子どもの親であるが、以前は「仕事の自分」と「親の自分」が、がっつり連結し、その二つの自分しか私には存在していなかった。

　当時は「作業療法士」としてのスキルを高めたいと必死になり、仕事に関してや職場の人間関係に悩み、家庭では子育てに奔走し、子どもや家族に対してイライラすることも多く、毎日がギスギスしていた。しかし、ある時から、日の出時刻に合わせて川沿いを散歩し、そこで出会う風景を撮ったり、一冊の本からつながったバショやヒト、またそこから数珠つなぎのように本やバショ、ヒトとつながっていくこと、また、幼少の頃から好きだったものづくりが再燃し、手を動かすことに没頭することで、「仕事の自分」と「親の自分」に「余裕・すきま」という『間』が存在するようになった。

　すると、仕事での悩みや子育てに奔走すること自体には変化がなくても、次第に落ち込むことが減りギスギスしなくなり、安定した。「バショ・ヒト・モノゴト」いわゆる「作業（あそび）」が、がっつり連結していた「仕事の自分」と「親の自分」に、すき『間』をつくり、入り込み、肩書きのない"わたし"が存在するようになったのだと気がついた。

　小松氏の著書に話を戻す。小松氏は、文中、読者にこう語りかけている。

> 　読者の皆さんはどうだろうか？　うまくやりくりしてご自分の"遊び"を演出されているだろうか。作業療法士が考える"遊び"とはまさしくこのようなことを指しており、同時にこの平凡な人の日常にこそ、作業療法の視点を見出すべきである。この発想こそが子どもセラピィの原点となる。（p214〜215引用）

　私からの一斉LINEの大半は、朝の散歩の写真やものづくりのことなど、私が好きな"あそび"にまつわる話題である。私が好きな"あそび"を分類し、それぞれに「むすBURA」「むすBU・CYCLE」「むすBOOK」と「掬ぶ」と掛けて名づけている。私一人で名づけてロゴマークを考えて出来上がりにニヤけていること自体も"あそび"である。（図2）

　落ち着きがなく、いろんな好きな"あそび"について語る私からの一斉LINEに、あきれたりうっとうしく思っている登録者もいるかもしれない。しかし中には、LINEに、感想や共感、その方の癒しのバショの紹介などのレスポンスをくださり、

図2）ロゴマーク

お話し会で、話し始めはお子さんの話だったが、いつしかお互いの"あそび"の話になり、ついには「いつかフリマ開きましょうよ」と盛り上がることもある。

このように「掬ぶ」は、さまざまな『間』に「余裕・すきま」「あそび」が見つかるバショとなり、登録者自身にとっても"わたし"にとっても「あそび」のバショとなれたらと思っている。

■ 「掬ぶ」のこれから…"わたし"のこれから…

立ち上げ時には、20名ほどだった登録者が、現在は80名を超えている。今では、お子さんからのつながりで知り合った支援者（保育士・教員・施設職員など）も加わり、また、お子さんの親として出会った方が今は支援者として働いていたりもする。私に「登録者を増やして、相談事業か何かを起業するのでは？」と言う人もいるが、そのつもりはまったくない。なぜなら「掬ぶ」を始めたこと自体が、コロナ禍での苦肉の策であり、LINE上でお子さんに会わずして相談を受けることに「"口だけの作業療法士"に、なってはいないか」と今でも常に自問自答し続けている。また、「掬ぶ」を始めた当初から、「掬ぶ」としては、お子さんへの直接支援はしないと決めている。直接支援は、既存のフォーマル・インフォーマルな資源に任せる。もちろん、私もその資源の中で、また臨床の場で「作業療法士」として子どもたちと関わり続ける。

「掬ぶ」では、私自身が地域や公的な資源や制度とつながり、地域のチカラを知り、地域の人たちを信じ、親子が地域や公的な資源や制度とつながる橋渡しができたらと思っている。そのために、これからも地域にいる"わたし"が、さまざまな立場で、作業療法のフィルターを通して「地域で活動」をしていきたいと思う。そして、何年か先の「掬ぶ」は、**平凡な人の日常に作業療法の視点を見出す"あそび"を楽しむ会**という部分だけが存在していれたらいいなと思っている。

〔引用文献〕

※1 小西紀一監修、小松則登編集『発達OTが考える子どもセラピィの思考プロセス―あなたのセラピィを構築するためのいくつかのヒント』メジカルビュー社、2016

3 ファミリー・サポート・センターを
サポートする

専門学校川崎リハビリテーション学院　森川 芳彦

岡山県倉敷市

❶ ファミリー・サポート・センター（以下、ファミサポ）の役割

　ファミサポは、地域において子育ての援助を受けたい人（以下、依頼会員）と、子育ての援助を行いたい人（以下、提供会員）が会員として登録し、子育てについて助け合う役割を担っています。ファミサポのアドバイザーは、依頼会員さんと提供会員さんを結ぶ仲立ちをしており、事前打ち合わせの後、両者が合意してから活動が開始されます。ファミサポの相互援助の活動は、仕事ではなく、有償のボランティア活動になります。サポート内容には、保育施設への送迎、保育施設の保育開始前や終了後の子どもの預かり、学校の放課後や放課後児童クラブ終了後の子どもの預かり、保護者の病気や急用の場合の子どもの預かりなどのサポートがあります。

❷ ファミサポとの出会い

　2021年5月にファミサポ会員さん向けに研修会の講師をいただいたのがきっかけでした。そのときのテーマは「遊びや生活の中でできる発達の遅れのある子どもへの関わり方や工夫──感覚統合の視点」という内容でした。研修会後の質問タイムがあり、そのときに話題になったのが、多動児の送迎についてでした。運転中、離席がある、運転席の後ろから背もたれを蹴る、窓からものを投げるなどの行為があり、安全に送迎するにはどうすればよいのかといった相談がありました。提供会員さんがどのようなことに困っておられるのか十分に把握できていなかったと感じ、アドバイザーにOTとしてお役に立つことがあればと申し出ました。

❸ ファミサポとの協働作業

　OTはアドバイザーと協働して事前情報シートと送迎時の対応マニュアルという書類を作成しました。事前情報シートは、子どもの特徴や多動傾向について知ることが

できるように作成されています。たとえば、「ショッピングセンター・公園・遊園地などに買い物に行ったときに、1人でどこかに行ってしまうことがある」「家族以外の車に乗車したときに、車中の物に引かれて、じっとしていられない様子がみられる」など10項目があり、5段階でチェックするようにしています。

　対応マニュアルについては、子どもが多動的な行動をとった際の子どものタイプごとの行動の原因と対応の仕方について記載されています。たとえば、視覚刺激を受けやすい子どもの場合には、車内の余計な刺激を減らすことができているかについてセルフチェック項目をつくっています。運転席周辺、後部座席の環境に気が散るものを置いていないか、座席の位置はどこがよいかなどの項目が設けられています。また、目や耳、触覚の刺激を求めている子どもの場合、その欲求を満たすことができるようなグッズを提案しており、視覚・聴覚・触覚ごとに記載しています。OTが地域支援を担うのに、このような関わり方もあるということを知ることができました。

❹ アドバイザーの感想と今後の課題

　事前情報シートおよび対応マニュアルについて、アドバイザーの感想を以下に記載いたします。

　事前情報シートについては、「これまではアドバイザーの受ける印象で、子どもの特徴を把握していました。このシートで可視化ができるようになり、依頼会員さんは冷静に子どもについて記入できるようになったと思います。依頼会員さんと提供会員さん、アドバイザーの3者で、事前情報シートを通じての共通理解ができるようになったと思います」との感想をいただき、おおむねこのシートが役に立つことを確認できました。

　対応マニュアルについては、「この対応マニュアルがあることで、アドバイザーは施設送迎を依頼しやすくなったと思います。その反面、提供会員さんに行動の原因を考えて、状況に応じた対応をとってもらうのは難しいことかもしれないので、アドバイザー向けの対応マニュアルとしてまとめたほうがよいかもしれないと思います」といった感想を聞くことができました。このように対応マニュアルは、改善の余地があることを確認することができました。

　今後、いただいたご意見を参考にして、実用性のあるものにしていきたいと思います。また、OTが地域の方と連携しながら地域のサポートが少しでも行えるように努力していきたいと考えています。

4 児童館は地域の子育て支援拠点
──児童館での仕事を作業療法士の視点で見る

仙台市鶴巻児童館 児童厚生員 作業療法士　**大森 知香**

宮城県仙台市

❶ 新しい居場所へ

　私は宮城県にある仙台市八本松児童館に12年勤め、異動に伴い現在は仙台市鶴巻児童館で働いています。児童館とは、児童福祉法に規定されている児童厚生施設の一つです。仙台市の児童館は小学校区内に一つ設置され、現在113館の児童館児童センターが仙台市からの指定管理者制度のもと運営されています。その中でも仙台市内の施設形態は多様化しており、『単独館』の他に市民センター等と合築された『併設館』、学校の空き教室を使用する『マイスクール児童館』、運動設備を兼ね備え、中高生への取り組みも行う『児童センター』など幅広い特徴を兼ねています。児童館の開館時間内に利用可能なのは0歳から18歳までの幅広い年齢層であり、1年を通じて子どもたちの『児童健全育成事業』『子育て家庭支援機能』『地域交流推進機能』『放課後児童健全育成事業（放課後児童クラブ)』を目的とした施設となっています。

　私は両親が共働きで、祖父母と暮らしていたことも影響してか、学生時代は老年期リハビリテーションに興味を抱き、学びを深めました。そして大学を卒業後は老人保健施設で数年間、作業療法士として勤務していました。この頃はその後訪れる、子どもや地域に携わる分野で仕事をする自分を想像すらできなかったと思います。

　子育てのため、いったん仕事から離れ家庭に専念し、子育てが一段落したので再度仕事を探していた時のことです。私が作業療法士としてさまざまな年代の子どもたちと関わるきっかけとなったのは偶然の出会いからでした。当時の八本松児童館館長はアートセラピーに携わっており、「自分自身が『作業療法』に興味・関心があるので、ぜひ子どもたちと関わりをもってほしい」と私に目をかけてくださり、一緒に仕事をする運びとなりました。

　作業療法士としての就職ではありませんでしたが、私自身のこれまでの知識や経験を活かしつつ現場で乳幼児期から青年期までの子どもたちと触れあい、児童館や放課後児童クラブ事業に関する資格（児童厚生員・放課後児童支援員）を取得しながら、学びを重ねるきっかけとなりました。長く勤務していた八本松児童館での仕事を中心

に紹介します。

❷ 八本松児童館について

　児童館の主な目的は、健全な『遊び』を通して子どもの健康増進、情操を豊かにすることです。仙台市では、児童館の中に放課後児童クラブも入っており、放課後の留守家庭を支えるための事業として毎日開設しながら、他の業務もあわせて運営しています。八本松児童館の地域は仙台市中心部に近く、最近では都市開発が進み、交通の利便性から子育て世代の転入者が増えてきています。

　児童館の立地が地域のほぼ中心にあり、八本松公園と八本松市民センターに隣接していることから、地域のコミュニティの中心を担っています。2022年は職員12名が勤務し、日々乳幼児親子さんから放課後児童クラブ登録の小学生約120名と関わっています。土曜日には自由来館の小中高生も受け入れており、来館も盛んです。さらに、地域の高齢者のみなさんがボランティアグループ「グランパ＆グランマの会」を立ち上げ、子どもたちのためにできることを考え、年間通して企画しており、幅広い年齢層の方々が出入りをする、とても賑やかな児童館となっています。

　八本松児童館の理念は『地域を生かす　地域に生きる　八本松児童館』とし、5つのことを大切にしています。

①『どんな子どもでも楽しめる児童館を』障がいのあるなしにかかわらず、一人ひとりに丁寧に向き合い理解を深めます。
②『遊びも学び』家庭ではなかなか提供の難しいダイナミックな遊びや自然を使った遊びを提供し、子どもの感性に働きかけます。
③『地域とつながる　遊びでつながる』児童館の活動を地域の方に知ってもらうことや、地域の方に興味をもってもらえる活動の発信を目指し、共に活動していきます。
④『利用するみなさんの安心と安全』子どもたちや子育て世代の保護者のみなさんと数多くの関わりを持ちながら、安心できる居場所を作り続けます。
⑤『子どもたちを真ん中に』いかなる時も子どもたちの権利を妨げることなく、子どもの声をさまざまな場所につなげていきます。

　スタッフはこれらをベースにし、多様な活動や遊び、リアルを経験してもらうことを念頭に置き、子どもたち自身のスキルを高めていけるような児童館・児童クラブで

あることを目標にしています。

❸ 八本松児童館の取り組み

　新型コロナウィルスの影響は児童館にも押し寄せ、活動の制限がなされました。私たちは子どもたち・スタッフの安全を守るため、事業の大半を休止しなければならない苦渋の決断に晒されてきました。児童館は季節を感じられる、そして季節を伝えられる現場です。四季の移ろいを遊びと重ね、行事を構成していきます。子どもたちの成長をみんなで分かち合う場であり、遊びの中で学びを得ている現場で、子どもたちに遊びの制限をかける苦しみは計り知れませんでした。そのような状況の中『今の児童館には何ができ、子どもたちには何は必要か』をじっくり話し合いあたためていました。

　また、遊びだけを求めてくる子どもたちだけではありません。児童館には家や学校、時には社会に居場所がない『引きこもり』や『不登校』になった小中学生の子どもたちや18歳以上のここを巣立っていった大人たちがふらっと話をしにやってくる場合もあります。

　私たちはこれまでも子ども一人ひとりに寄り添い、家庭背景、成育歴なども考慮した対応を行うよう心がけてきましたが、コロナ禍でさらに寸断された子どもたちとの時間や、地域の方との関わりの時間を絶え間なく支援しながら、居場所としての役割を再び取り戻したいと切に感じることが多くなったのです。

　八本児童館がこれまで行ってきた絶え間ない支援の始まりは、この世に赤ちゃんとして生まれてからではなく男女の出会いから命の育み、そして乳幼児期、児童期から青年期、そして老年期と児童館がつながっているすべての年代にあると考えています。それらの支援の一部をご紹介します。

　既存の乳幼児親子さんや小学生対象の行事に加え、『どこでも児童館』と称し、職員が近隣の公園に出向き、ママたちと関わりを増やすべくお話会や遊びのワークショップを新たに始めました。開始した理由は、コロナで休館を余儀なくされ、乳幼児親子が安心して遊べる場所の減少、不安な環境の中でママたちが孤立することを防ぐ観点からです。

　また、2021年度から"妊娠期支援事業はぐはぐ"として助産師さんをお招きして両親教室（ママの心と体のはなしとママを支えるパパのはなし）の実施やおむつ交換体験、妊婦シミュレーション体験会、そしてプレママ自身に出産までの自分の時間や身

体を大切にしてもらいたい『プレママタイム』（アロマ、赤ちゃんのためのお部屋づくりなど）といった行事も始め、妊娠期から児童館を活用してもらう取り組みも行いました。その他に中高生の支援として“若者の居場所づくり”を重点においた『∞ベース（エイトベース）』も始めました。参加協力を呼びかけながらさまざまなイベントを行い、楽器、まんが、iPadなどを揃え、いつでも気軽に来館し、のんびりできる環境を作り上げました。

　2023度は新たな試みとして遊びがメインの児童館から裾野を広げ、“自分自身の大切さに気づいてほしい”をコンセプトに助産師さんにご協力していただき地域のフリースクールや他の児童館と共に『若者の性』に関する講話も実施することができました。

❹ 作業療法の視点と現場での業務

　私は他の職員と同じ児童厚生員として勤務していますが、その仕事には作業療法のマインドをもち取り組んでいます。公に評価やコンサルティングを行う病院や施設等と比べ、実際に子どもたちと直接触れあえるので、医学的・発達段階を加味した視点を生かし、子どもたちそれぞれのよいポイントを見つけ、日々それを他の職員と共有するという作業を行っています。具体的な「視点」について説明しますと、児童館に来館する子どもたちの遊びや活動にはさまざまな要素があり、心身を成長させるチャンスやポイントがたくさんあります。

　例えば「俊敏性」「柔軟性」「耐久性」「握力」「脚力」といった、子どもたち自身の持つ身体的能力・特性。周囲と円滑に物事を進める、問題が起こった際に解決する「コミュニケーション能力」。このような子どもたちのもつ要素や才能を引き出すのと同時に、共に活動に参加するメンバーの特性・人数・男女比・場所等の外的環境からの影響も総合的に判断し、遊びや活動が提供できるよう子どもたちと直接関わりを持っています。これらの要素を総合的に「視点」として捉え、職員同士でシェアしています。私自身は遊びや活動そのものを紐解き、分析し、構成・実施することで、子どもたちの成長につながるのをリアルタイムで感じています。それこそが作業療法の醍醐味であり、培った知識が生きている部分だと実感しています。

　「感覚統合理論」を提唱し、理論化したA. Jean. Ayres（ジャン・エアーズ）氏は1989年の日本作業療法士学会のシンポジウムにて「OTの核を問う」というタイトルで「Therapy should be FUN（日本語訳・楽しまなければセラピィではない）」と述

べています。子どもたちの「FUN（楽しむ）」を分析、把握し、実践してきた多くの発達分野の作業療法士は、子どもたちのさまざまな「FUN」を現場で感じてきたことでしょう。私自身も児童館に勤務し、数多くの子どもたちと関わりを重ねることで、子どもたちとの遊びを通じてさまざまな「FUN」を届けることが今では大きな喜びとなっています。

　児童館内での多様な遊びや児童クラブの生活中、学習場面、食事場面、来館した時の親子関係や家庭環境など、幅広い年齢の多くの子どもの状況を観察・情報収集することで、総合的に子どもたちを理解していくのです。私はその状況を発達的・医学的観点から分析し、他のスタッフと共有し情報交換することで、児童館内の環境調整や子どもたちへの関わり方の検討、または活動場所の工夫や活動自体の流れの工夫、そして何より子どもたちの今必要であろう遊びや活動の工夫を考えるのです。

　これを1日や1週間といった短いスパンはなく1年、2年またはそれ以上の長期的な時間で判断し、時折視点の角度を変えて行くことで、お子さんを中心とした構図が見直され、本人のニーズに沿った関わりを長く持つことができます。そして、身体的な不自由さや感覚的な不自由さなど具体的な問題点・困難な場面があった場合は、自助具等の具体的なサポートも行っていきます。

　身近なところでは"イヤーマフ"（耳全体を覆う防音保護具）の導入を行いました。限られた環境下で過ごす子どもたちにとっては、聴覚過敏のあるなしに関わらず、自発的に宿題を行う際や集中したい時に子どもたちが積極的に活用しています。大人のちょっとした工夫で、子どもたち自身が生活の「質」の向上を行うことができるのです。また、最近では就学前に出会ったお子さんが小中高生、成人となり、成長に伴った相談業務も増えてきています。具体的な内容は不登校や恋愛、家族、就労についての相談です。児童館から小中学校や必要な専門機関へつなげていく、ソーシャルワーク的な業務も日々増加しています。

　先に「視点」として説明しましたが、遊びや活動にはさまざまな要素があり、私自身が日々精進し、紐解くといった日々の探求や実践が必要となってきます。また、子どもたちと地域とつながるパイプづくりや、専門的機関と連携する受け皿づくりを重厚にしていくことも今後の児童館の大きな役目となるでしょう。

　子どもたちとの関わりが深まっていけばいくほど、私だけが専門的に理解し活動を提供しても他の職員と統一した関わりができなければ、子どもたちによりよい効果は得られないのです。子どもを取りまく多くの大人たちが同じ方向で進み、情報を共有しなければ子どもたちが混乱してしまい、結果を得られることができないのです。

児童館の職員は、とても柔軟でバイタリティにあふれている方ばかりです。私が得た子どもたちの情報を医学的観点から伝えると、一人ひとりに身体・精神的にどのような関わり方や環境設定を行えばよいかを考察し、個々の目的に応じた活動に生かしてくれます。こうした支援を行う側の職員同士の関わり方の積み重ねも、子どもたちは敏感に感じ取っていきますので、チームでのアプローチがよりよい支援につながっていくと思います。よって、作業療法士の細やかで多方面からの視点をチーム全体で共有し、個々の職員が理解することで、総合的な視点に強化され、子どもたちを取りまく環境要因を含めて、柔軟に対応することが可能となってくるのです。

　私が児童館勤務を始めた12年前は、児童館に異職種であるリハビリテーション分野の人間（規定に基づいた専門職以外）が介入することは非常にめずらしく、ほとんどありませんでした。『作業療法士』という聞きなれない職種に、地域の方々が「いったい今まで何をしてきた人？」「なんで子どもの施設にいるの？」とよく質問されました。現在では、リハビリテーションに関わる職種の活躍する場が広がり、従来の地域医療・保健・福祉を推進する役割のみならず、育児に関する相談や地域によっては保育園・小学校等へのコンサルテーションを行うなど、多方面で活躍される方もいらっしゃいます。作業療法士がより積極的にさまざまな分野・多様な形態で地域社会に関わり、発信することが多くなっていると感じます。

⑤ 遊びを通じて大切に感じていること

　児童館・児童クラブは家庭の延長線上に存在し、特に遊ぶことが保障されている場所でもあります。『遊びは学び』であり、遊びの中で子どもたちはさまざまな経験や価値観を得ることができます。それは社会的にいいことや悪とされることも含まれます。

　社会的ルールも遊びから学ぶのです。児童館という場所で、遊びを通じて子どもたちが成長し、心身ともに人生の学びを得るコミュニティなのです。また、毎日の継続した遊びは身体能力だけではなく、多彩な感覚をも育むことができます。

　私自身も観察した遊びから学ぶことや気づくことが多く、また子どもたち自身がセレクトした遊びにおいては、その時々の子どもたち自身を投影し、心身の状況を知るヒントになります。よって、そこに作業療法士の視点に基づき、目的をもって遊びや活動自体を提供することで相乗効果が生まれ、より深い時間になるのです。

　具体的な例として児童館で取り組んだ遊びの一つ「スラックライン」の事例をご紹

介します。スラックラインは幅約5cm程度のベルトで、木と木に取りつけ一本橋や綱渡りのような遊びを体験できる遊具です。導入のきっかけは、短い時間でも座位が持続できないなどの体幹の不安定さが目立つお子さんが多かったからです。

　子どもたちの体幹の強化・体のバランス感覚を成長させ、集中力を高める目的で介入できるものはないかとこの遊びを取り入れたところ、足の運び方や進み方、設置する位置など順を追って難易度を上げていくことで、バランス感覚が養われたこともですが、異年齢の子どもたち同士が参加することで怖がって上手に渡れない子に手を引いて手伝ってあげる子どもが現れるなど、関わり方の変化や役割の登場にて、新たに他者を気遣い「協力」する情動面の成長も見られていきました。遊びこむことで楽しむこと以上の反応が現れたのです。

　このような細かい遊びによる経験の積み重ねが、より子どもたちの成長を促す結果につながっているのを感じます。

⑥ 作業療法の視点が生かされる現場

　最後に、遊びの中で子どもたち一人ひとりの得意なことを認め合うこと、そして苦手なこと・できなかったことをマイナスに捉えるのではなく、なぜ苦手なのかをあらゆる側面から掘り下げて考えることで、支援するべき本質が見えてくると考えています。

　「遊びは生きるための土台」とあるように、遊びは自分がもっているさまざまな感覚を最大限に生かした動作であり、身体の使い方、他者との関わり方、社会的なルールの守り方など、生きるために必要な要素をたくさん含んでいる学びの原点でもあります。

　子どもたちは私たち大人が思っている以上に多彩な顔をもっています。児童館は子どもたちの生活の一部です。だからこそ、距離の近い存在の職員には、学校でも家庭でも見せない顔や態度を表出することができるのだと現場で関わって気づきました。これこそ、子どもたちにとっての居場所としての役割なのです。

　不器用なお子さんほど何らかのシグナルをその子なりに発してくれます。偏った視点や解釈、裏づけのない憶測だけの情報、それらを基にした根拠・効果のない対応では子どもへの理解が深まらないだけではなく、信頼関係も得られません。

　大切なことは、子どもたちだけではなく、保護者やそれを取りまく地域の大人と共に歩んでいくことであり、これこそがまさに生活の場としてのあるべき姿なのだと思

います。

　よりいっそう、児童館だからこそゆったりと子どもたちに寄り添い、切れ目のない支援や関わりができる場所にしたいですし、それを実現し続けるためにも子どもたちの生活の流れを見据えたより丁寧な活動、今後の成長や適切な心身の発達を促す活動と質のよい遊びの提供がより大切となってくるのです。

　今後、作業療法士のような専門職が介入するさまざまな事例に対しての根拠・効果を残すこと、元からある児童館の流れや保育、教育を専門とする職員との相互作用は、未来の児童館事業の強みとなり、そこから家庭や学校、保育園、幼稚園などの地域の保育機関・教育機関との連携・信頼などを得ていくきっかけが生まれていくことを期待しています。

〔参考ホームページ〕
・仙台市ホームページ
　http://www.city.sendai.jp/kurashi/kenkotofukushi/kosodate/ibasho/index.html

〔参考文献〕
・田村良子編著・社団法人日本作業療法士協会監修『作業療法学全書 改訂版第3版 第6巻 作業療法学3「発達障害」』協同医書出版社、2010年
・小西紀一・小松則登編『子どもの能力から考える発達障害領域の作業療法アプローチ』メジカルビュー社、2013年
・小西紀一・小松則登編『子どもの能力から考える発達障害領域の作業療法アプローチ改訂 第2版』メジカルビュー社、2018年
・小林隆司他編『学童期の作業療法入門─学童保育と作業療法士のコラボレーション』クリエイツかもがわ、2017年
・岡山県備中県民局協働事業報告書「地域で、チームで、長い目で」岡山県学童保育連絡協議会、2017年
・石川　齊他編集主幹『図解 作業療法技術ガイド─根拠と臨床実験にもとづいた効果的な実践のすべて 第4版』文光堂、2021年

レアになろう

作業療法士　八重樫　貴之

　2022年3月末に養成校の教員を退職し、1年間のフリーランスを経験しました。作業療法士になったのは30歳。大学卒業後、3年半メガバンクに勤務しました。中途からの作業療法士ですが、すでに十数年が経ちました。発達支援センターで10年、養成校教員として4年、その間、学童保育のコンサルテーション、特別支援学校の外部専門家、放課後等デイサービスの顧問、訪問看護リハビリステーションを経営する会社のアドバイザーなどを並行してやってきました。

　フリーランスOTとして、一般的な回復期リハビリテーション病院や訪問看護リハビリステーションの非常勤（パート）をかけ持ちという働き方はせず、学童保育のコンサルテーションや特別支援学校の外部専門家などの「業務委託」で働いていました。時給6,000〜10,000円、年収は作業療法士の平均年収の倍を超える額を設定し、達成しました。得意分野で自分のペースで働き、働き方には満足していました。ただ、組織に属していないので全責任は私個人にあり、税金や社会保障関係は自分でやらなければならない、有給休暇はないので「休み＝無収入」になってしまいます。当然、健康あっての働き方です。

● **自分のレアリティを高めて、**
　SSR（スーパースペシャルレア）になる

　フリーランスに必要なことは、「自分の市場価値を常に高めること」です。「市場価値」とは何か、「自分にしかできない」、もしく

は「その分野で並ぶ者はいない何らかのスキルをもつこと」です。つまり、自分のレアリティ（希少性）を高めることです。

　まず、小児・発達領域の作業療法士でよかったと思っています。そもそも小児・発達領域の作業療法士は、2023年の統計資料によると、作業療法士全体の約2.5%しかいないからです。小児・発達領域を専門としているだけで、すでにレアリティはかなり高いのです。7年目から大学院の修士課程に進学し、9年目の時に作業療法学の修士の学位を取得しました。すると、2.5%からさらにレアリティは上がります。首都圏で小児・発達領域を専門としている作業療法士で修士の学位をもっている者は数名というレベルになります。さらにさらに、学童保育のコンサルテーションを専門としているのは、私と当時東京都立大学教授であった小林隆司先生くらいしかいないという、SSR（スーパースペシャルレア）な作業療法士となるのです。となると、研修会の講師や学童保育コンサルテーションの依頼は、第一選択が私になります。依頼が多くきますし、他にいないのですから、講師料等の交渉ができるようになってきます。

● **スペシャリティ（専門性）よりもレアリティ（希少性）を上げていこう**

　レアリティというのは、スペシャリティとは異なります。

　「自分の専門は回復期リハビリテーションです」という作業療法士は、非常に多くいると思います。そう、非常に多いのです。非常に多いので、必然的にレアリティは低いです。臨床の現場では、あなたではなく別の作業療法士も同じことができるからです。では、どうやってレアリティを上げて

いくか。麻痺の回復や高次脳機能障害、手の外科など機能別の障害や疾病別の専門的な作業療法を行っていくなどが考えられますが、その各分野にもすでに多くの先輩作業療法士がいるので、なかなかレアリティを高めていけないでしょう。今、刑務所における作業療法実践や地域コミュニティにおけるグループホーム運営や空き家事業など、作業療法の潜在的なニーズがある分野が着目されています。従来の医療介護福祉以外の新たなフィールドで、作業療法を行えるかが鍵になってきます。「こうしたら目の前の人が楽しい人生を送ることができる」「自分がこうすることで世の中は変えられる」と思う作業療法を実践すると、それはあなただけがやっている作業療法なのでレアリティが高いです。そのような「何か」を探してみましょう。そして、その分野で自分ができることを精一杯やってみる。関連することを勉強する。作業療法士以外の方々とコミュニケーションをとってみる。そうすると、その分野であなたの作業療法士としてのレアリティが上がってきて、仕事の依頼がくるようになると思います。

● **コスト意識をもとう！**

「八重樫先生は、某有名な先生と実力はあまり変わらないけど値段が安いのでコスパがいい」とはっきりと保護者の方から、言われたことがありました。昔、安く仕事を請けていた時期があったのです。この保護者の方は「もう少し高くてもいい」と言ってくれていたのかもしれません。自分の実力にある程度の自信はありましたが、自分のレアリティには気づいていませんでした。自分の実力を「過信」することは「慢心」につながりますが、提示された時給や報酬金額に見合うかどうか、冷静に考えていくことも必要です。自分のレアリティにその金額が合っていれば、その仕事を請けてもいいと思います。もしくは、今後その分野の作業療法士の第一人者として、その金額でやっていけるという想いが抱けるのでしたら、挑戦していく価値はあると思います。

フリーランスで働いていた時、私は、仕事内容に応じて、時給の基準を設けていました。「安易に安く仕事を請けない」ということです。安く仕事を請けてしまうと、次も安くなってしまい、後々、時給・報酬を上げる交渉をするのは、たいへんです。最初からある程度の金額を設定したほうがいいというのが経験から得た実感です。

特に、新しい分野に進出する場合は、私の時給・報酬金額がその分野での基準になります。あまりに安く仕事を請けてしまうと、その後に私に続こうとする作業療法士が苦労してしまい、せっかく新しい分野を切り拓いたのに後ろが続かないという状況になりかねません。具体的には、一社）日本作業療法士協会の報酬規定を参考に、準備の時間、フォローアップの時間などの仕事内容を勘案して先方と交渉しています。実際に現場に行く、Zoomで研修をする時間だけではなく、その準備にどれくらい時間がかかるか、2時間の研修のパワーポイントを作るのにどれくらい時間がかかるかなどの、その仕事にどのくらい時間をトータルで使わなければならないか考えて、時給・報酬金額を交渉するようにしていきましょう。

（株式会社リニエR）

1 医療的ケア児の社会参加支援
——多様な機会をつくろう！

特定非営利活動法人 laule'a 副理事長

遊びリパーク Lino'a 施設長 大郷 和成

神奈川県藤沢市

　私が所属する特定非営利活動法人法人 laule'a では、「地域社会の福祉の増進」をモットーに、放課後等デイサービス事業を中心に、障害児やその家族がよりよい人生を送れるようなお手伝いをしています。今回は医療的ケア児の社会参加支援について私たちの取り組みを紹介します。

❶ 放課後等デイサービス事業とは

　放課後等デイサービスは学籍のある児童を対象に、生活能力向上のための訓練等を継続的に提供することにより、障害児の自立を促進するとともに、放課後等の居場所づくりを行っています。児童福祉法に基づく障害児通所支援事業に位置づけられており、障害児給付費の対象となるサービスです。サービス利用開始には、住所地の市区町村で受給者証（2）を申請して取得する必要があります。サービス利用については、国と自治体から利用料の9割が給付され、1割の自己負担でサービスが受けられます。

　厚生労働省の放課後等デイサービスガイドラインでは、デイサービスの基本的な役割として、①子どもの最善の利益の保障、②共生社会の実現に向けた後方支援、③保護者支援の三つを挙げています。また、デイサービスで提供される基本的活動を①自立支援と日常生活の充実のための活動、②創作活動、③地域交流の機会の提供、④余暇の提供、の四つを挙げ、これらの活動を含めた総合的な支援が求められています。

❷ 私たちの紹介

　私たちは「医療的ケア児の居場所をつくってほしい」「社会体験を積む機会をつくってほしい」といったご家族の声を基に、2015年より児童発達支援・放課後等デイサービス「遊びリパーク Lino'a」（以下、リノア）という施設を運営しています。リノアに通う児童の多くが重症心身障害児や医療的ケア児です。リノアでは彼らが自分らし

さを発揮できるように「4つのコンセプト」を掲げています。

① ありのままを受け入れる『居場所』であること
② 安心してチャレンジできる『安全基地』であること
③ 子どもから大人まで楽しめる『遊び場』であること
④ 社会で生きる力を身につける『学び場』であること

　リノアでは、遊びや社会体験などワクワクする活動を通して「社会で生きる力を育む」ことを一つの目標としています。一人ひとりの「やりたい！」「できるようになりたい！」という想いを形にするべく、ICFにおける「活動」と「参加」に比重をおいた取り組みを展開しています。

　ちなみに、リノアの語源はハワイ語のlino =「輝く」と、mooa =「未来」という二つの言葉を一つの形にしたもので、誰もが自分らしく「輝ける未来」を目指したいとの想いを込めています。

❸ 医療的ケア児の現状

　重症心身障害児や医療的ケア児の多くは自ら体を動かすことが難しく、また知的な興味や関心が促されにくく、そのため、自ら環境へ働きかけることができず、刺激や経験の絶対的不足が起きてしまいます。この状況は心身の発育・発達に大きな影響を与えています。重症児や医ケア児は自分らしい人生を過ごしていくという権利を主張することもままならない状況です。

　彼らの居場所をつくることは重要です。しかし、居場所をつくったからといって、この状況が変わるわけではなく、大事なのは彼らが「主体的に活動できる機会」を数多く提供し、「自分らしく生きられている」と実感してもらうことにあります。そのためには、社会参加の支援は重要な意味をもちます。

❹ 社会参加が重要な理由

1）本人の社会参加促進

　医療的ケア児の多くは身体的・精神的・社会的な制限により社会参加の機会が少ない状況です。家族だけでは実現しづらいことを作業療法士がサポートしていくことが

重要で、児童が社会に参加していくことで、多彩な経験と多様なつながりがもてるようになり、それらの刺激が児童の発達・成長を大きく促していくこととなります。

2）共生社会に向けた土台づくり

　ガイドラインにも記載されていますが、放課後等デイサービスは共生社会の実現に向けた後方支援も役割の一つとなっています。将来、地域で暮らしていく児童にとって、地域の方々とともに暮らしやすい地域をつくっていくことが大事です。地域との関わりにおいては、作業療法士の視点から、障害のあるなしにかかわらず、子どもたち同士が関わる機会をつくっていくことも重要となります。

❺ 社会参加の実践例

　私たちが社会参加支援を行うときには、「アッと驚く体験」と「人を巻き込む」という二つの点を意識しています。本人や家族では実現が難しいことにチャレンジすること、そしてボランティアや地域の方々など、人と人が出会うことを大切にしています。ここからは私たちの社会参加支援の事例を紹介します。

1）サップ＆カヌー体験

　事業所が海に近いこともあり、夏の時期になると海遊びが本格化します。最初の頃は車椅子で海を眺めていましたが、やっぱり海で遊びたいという気持ちが強くなり、波打ち際での遊びからスタートしました。次第に遊び方が広がり、海遊びはサップ＆カヌー体験へと発展しています。

　このような自然環境での遊びをスタッフだけで実現するのは難しい。そのため、利用家族やスタッフの友人で海の活動に興味や関心がある方々に声をかけ、ボランティアとして協力していただいています。自分の好きなことや得意なことを活かした関わり合いは、コミュニケーションを含めてよい循環を生み出しています。

2）気球イベント

　「呼吸器をつけた児童が空を飛べたらワクワクするんじゃないか」という話から生まれたイベントです。バルーンクラブ、地元大学のボランティアサークルとの協同で実現することができました。午前中は風の関係で気球を上げることができず、気球の中に入るという体験を行いました。バルーンクラブの方からは「車椅子で気球の中に

入るのは日本初ではないか」という話も出ていました。午後は無事に気球を上げることができ、多くの児童が空の散歩を楽しんでいました。

　このイベントの後、医療的ケア児のご家族が街中で大学生に声をかけられました。その大学生は気球イベントで児童と関わっていて名前を憶えていたそうです。ご家族は「街中で声をかけられたのは初めて。とてもうれしかった」と話されていました。外に出るだけでなく、活動を通して地域の人たちとつながっていける機会も重要であると感じました。

３）ユニバーサルキャンプ

　いつもと違う場所で初めて会った仲間と体験を共有し、一人ひとりが今までにない新たなチャレンジに取り組むことを目的に、青少年育成団体と国際交流団体と協働で実施したキャンプです。初めての開催にもかかわらず、総勢59名（小中学生23名、大人36名）の方にご参加いただきました。車椅子の児童や呼吸器をつけた重症心身障害児も参加しており、場を共有しながら「動ける人」も「動けない人」も、それぞれがお互いのペースを大切にしていました。多くの児童にとってキャンプは初体験でした。

　初めての体験にチャレンジし、チャレンジした先に受け入れてくれる誰かがいて、自分という存在を肯定的に捉えることができる。将来、社会で暮らしていく児童にとって、外に出ることで多様な体験や出会いをもつ機会は重要です。

４）学童保育との交流

　障害のあるなしにかかわらず、同世代の児童同士がいっしょに活動する機会は多くありません。放課後という自由な時間・空間を活用して、児童同士が交流できる機会をつくっていくことも大事です。

　リノアでは近隣の学童保育の児童たちと「公園で共に遊ぶ」という機会を定期的につくっています。共に遊ぶといっても、合同イベントとして企画して児童たちに事前周知して実施するという形にはしておらず、お互いが公園へ出かけて、たまたま一緒の場所になったのでなんとなく遊びが始まるという流れです。一緒に遊ぶ児童もいれば、車椅子の児童をじっと見つめる児童もいるし、まったく関わらない児童もいます。支援者がお膳立てして交流を企画するのではなく、その場にいる児童たちが自分の興味や関心の範囲で自然に関り合うことこそ大切だと感じています。このような関わりが社会性を育む機会にもなっています。

5）インクルーシブ公園

2022年3月より屋外スペースを「インクルーシブ公園」として一般開放しており、地域の方が誰でも自由に遊べる場を提供しています。車椅子や歩行器でも動きやすい空間設計になっており、車椅子に乗ったまま乗り入れが可能な回転式遊具や身体をしっかり支えられる大型ブランコなど、どの遊具も身障者対応遊具になっています。

時間帯によってはリノアに通う児童と近所の児童が同じ空間で遊ぶ姿も見られ、地域のなかで自然と交流できる機会につながっています。

❻ 作業療法士の強みを生かせる

放課後等デイサービスでは、機能訓練による心身機能へのアプローチだけでなく、活動や参加に焦点をあてたアプローチも重要となってきます。その人にとって意味のある作業を実現するために、その人の能力や環境を評価し、周りの人や環境を調整していけるのが作業療法士の強みなのです。放課後等デイサービスではこの強みを遺憾なく発揮できます。地域・社会への参加が難しい児童たちにこそ、作業療法士がその機会をつくってほしいと願っています。

2 就労準備型で中学生以上を支援する

TOIROAD岡山校　作業療法士　西江 勇太

岡山県岡山市

❶ 自立のための「就労」に着目

　私が所属するTOIROAD岡山校は2021年4月に開設をした主に中学生以上の方を対象とした放課後等デイサービス（以下、放デイ）です。放デイといってもさまざまな特色の事業所がありますが、私たちは将来的に社会の中で自立した生活を送るために必要な「就労」というテーマに着目し、自分自身の特性に合った就労について考えたり、そのための準備を専門的に支援しています。

　これまで2拠点の児童発達支援・放課後等デイサービス事業に携わってきましたが、中学生以上を対象とし、就労準備をコンセプトとした事業というのは初めての経験でもあり、今も挑戦の真っ只中です。そんな中での気づきや視点について、私たちの支援の現状を知っていただけるきっかけになればと思っています。

❷ 定着して働き続けるために──開設経緯

　近年、法定雇用率の上昇や障害者差別解消法をはじめとした、障がい者が社会へ出ていくための整備が進み、障がい者が就労をする機会は増加してきています。しかしながら就労ができても定着が難しいケースが多く、中には就労での失敗体験が原因で引きこもりがちとなるような話もあります。また、障がいのある子の親は、自分のいなくなったあとのわが子の生活に大きな不安をもたれていますし、その不安解決には「就労ができる」だけでなく、「定着して働き続ける」ということが求められると考えます。

　私が所属する創心會グループは児童発達支援や放課後等デイサービスだけでなく、就労移行・定着支援、相談支援事業、就労継続支援A・B型などの障害福祉サービスを展開しています。その関係者の中でも同様に就労から定着の議論がされていました。合わせてさまざまなネットワークからその定着が難しくなっている要因も次の4つが多いことがわかってきました。

> ① 職場の方とのコミュニケーションがうまくいかなかった
>
> ② 基本的なスケジュール管理が難しかった
>
> ③ イメージしていた仕事とギャップが大きく、自分に全く合わなかった
>
> ④ 相談する相手がいなかった、またはできなかった（ストレス管理も含める）

　私自身、仕事に関連した技術的な理由も多く含まれるのではと予測を立てていましたが、実際には技術的なことよりも圧倒的に上記のような理由が多いことが見えてきました。また地域の現状として、中学生以上の方を対象とした療育事業所は非常に少なく、幼少期から積み上げてきた支援が途切れてしまっているというのも、こういった問題を起こしている要因ではないかと考えました。

　この課題に対して介入をしていくが、一人でも多くの方が自分らしく社会の中で自立した生活を送るための貢献や、社会課題の解決につながるのではないかと考えたことが開設に至った経緯になります。

❸「学ぶ」と「経験する」をセットにした支援

　就労のための準備と聞くとパソコンの操作練習、面接練習、マナー講座等をイメージされる方も多いと思われます。ですが私たちが大切に丁寧に支援をしているのは開設経緯の中でも触れましたが、「定着が困難となる要因」です。もちろん、それだけを抑えていればよいという話ではありませんが、対象となる方が現時点でどの段階にいて、今何を支援していく必要があるのか？ということをアセスメントし、個々に合った支援の提供を行っています。

　その中で「学ぶ」ということと「経験する」ということをセットにした支援を大切にしています。せっかく学習したことでも、日常の中で活用ができなければ意味はありませんし、一度学習したとしても使用しなければすぐに使えなくなってしまいます。それに関連した例を紹介させていただきます。

❹ 利用者本人からの連絡を

　事業所では、自分の気持ちや考え、そして情報などを相手に正確に伝える練習として、欠席などの連絡はできるだけ利用者本人にお願いをしています。当然ながら個々で能力は異なりますから、電話での連絡自体に緊張や不安が大きな方、電話をかけら

れるけれどもその先に何を伝えたらよいかわからずに黙ってしまう方、まだこちらが質問をしているのに要件のみ伝えて電話を切る方などさまざまです。

　そういった方に対して、事業所では伝えるための表現の学習ももちろんですが、学んだことを発揮できる機会を必ず準備します。経験の中で学習したことを理解して活かせているのか確認もできますし、次に何を学習してもらうのかを考える材料にもなります。仮に私たちから連絡をした際にご家族の方が電話に出たとしても、可能な限り本人に代わっていただきます。もちろん情報伝達に不安がある場合には保護者にも同様の内容をお伝えさせてもらいますが、伝えられる情報が自分に向けられているものということを自覚していくためにも、この働きかけは必要だと考えています。

　きっかけを掴めば「他のデイサービスにも電話して、休むって言ったんよ」「この前、ピザの注文してみたで」「飲食店に何分待ちか確認ができたんよ」というように自分で「できる」を広げていく、うれしい活動につながってくれています。

❺ 仕事・ボランティア体験

　他にも仕事・ボランティア体験の提供をしています。これは自分自身ができることや環境を新しく認識したり、苦手なことでもやり方を変えれば適応ができるようになることを、実感してもらうきっかけをつくることを目的としています。その体験の場には職員が同席し、職業アセスメントを行っています。その結果を保護者や教育機関の方と情報共有していくのですが、私たちの見解が正しいというわけではなく、将来を考えていくための一つの材料として活用をいただけるようお願いをしています。

　話を聴くこともそうなのですが、直接自分が体験することのほうが新しい発見が非常に多いように感じます。最初は参加することに気分が乗らなかったり、不安だったりという声もありますが、学んだことを活かす場としても今後も積極的に活動できればと思います。

❻ 自分と仕事（環境）を常に掛け合わせて就労準備

　私が過去に支援をした利用者に将来アパレル店で働きたいという希望のある方がおられました。その方は場面緘黙症があり、慣れない人との対人コミュニケーションに課題があります。その方に「アパレル店員ってどんな仕事があると思う？」と質問をすると「何が流行っているのかの勉強をする、服の整理整頓する、レジで精算をする…」

と、いくつか仕事の内容が表出されました。しかし、お客様と会話することや試着対応などのコミュニケーションを必要とする業務は表出されませんでした。

当然ながらお客様は同じ人が来るわけではありませんし、コミュニケーションは必須の仕事だということを伝えると、はっとした顔をしていたのを覚えています。接客業だからコミュニケーションに関連した業務があるということに気づいて当たり前と感じる方もおられるかもしれませんが、この方はイメージができていませんでした。服は好きでよく購入しているそうですが、話を深めていくとネットでの購入ばかりだったので、店頭販売の現場を知らなかったのです。この経験からも改めて自分と仕事（環境）を常に掛け合わせて就労準備をしていかなければならないと感じました。

❼ 専門的な支援を提供する前に、
人として利用者にどう寄り添えるのか

ここまでいろいろと書いてきましたが、私たちも常に専門性の高い支援が提供できているわけではありません。利用者の方々は私生活や学校でのトラブル、思春期ならではの感情の起伏等を抱えながら今の生活を送っています。ですから、こちらが張り切って支援を実施しようと思っていても、来所時の様子によっては準備していた支援を進められないこともあります。ときには悪態をつかれることもあります。ですがこれが私たちの支援のリアルだと思いますし、専門的な支援を提供する前に人として利用者にどう寄り添えるのかが非常に重要だと考えています。対応に苦慮することもありますが、必ず味方でいるということ、一緒に考えて成長していきたいということは常に職員間で共有し関わっています。

今回ふれさせていただいたのは支援のほんの一部に過ぎないですが、一人ひとりの特性に合った将来を一緒に考えていくお手伝いを今後も継続できればと考えています。

おかげさまで多くの方を支援させていただくようになりました。やはり成長した様子が確認できたり、何かができるようになったというようなうれしい声をいただくと開設をした価値を改めて感じることができます。また、こういった場所があるということを発信し周知していくことで、地域の方と協働してできることが発見できればとも考えています。私たちの支援はまだ発展途上ですが、支援を必要とされる方のお力になれるよう職員一団となって日々研鑽していきたいと思います。

1 | 運動の不器用さがある 子どもたちへの地域活動──運動ひろば

東京家政大学健康科学部リハビリテーション学科 助教　東恩納 拓也

埼玉県狭山市／長崎県長崎市

❶ 運動の不器用さがある子どもとは

　スプーンや箸をうまく使えない、字が雑になってしまう、ボタンやファスナーのある服を一人で着ることが難しい、ボールを投げたりキャッチしたりすることが苦手、体育やスポーツに参加したがらない……。

　子どもたちの中には、このような運動の不器用さによって生活に困りを抱えている子どもたちがいます。発達性協調運動症（Developmental Coordination Disorder：DCD）は、このような子どもたちにみられることの多い神経発達症（発達障害）の一つです。DCDのある子どもには、新しい運動が身につきづらい、ぎこちない動きになってしまうなど、協調運動技能の獲得や遂行の問題がみられ、日常生活活動や学業、遊び、余暇などが妨げられています。

　DCDの有病率は5〜11歳の約5％で、日本での疫学研究では5歳児の5.4％がDCDであったと報告されています。また、自閉スペクトラム症や注意欠如・多動症、限局性学習症など他の神経発達症のある子どもにも運動の不器用さがみられやすいことや、DCDと高頻度に併存することがわかっています。そのため、子どもたちにとって運動の不器用さは決して稀な問題ではなく、生活にかかわる重要な問題であるといえます。さらに、DCDのある子どもは、自己評価が低い、自己肯定感が低い、不安が強い、抑うつ傾向がみられやすい、集団から孤立しやすい、友だちとの交流が減るなど、心理社会的な問題がみられやすいこともわかっており、できる限り早期から適切な支援を行うことが必要です。

　しかし、日本ではDCDに対する社会全体の認知度が高いとはいえず、「不器用」「おっちょこちょい」などの一言で片づけられ、「なんだかうまくいかないな」と日々の生活の中で困りっぱなしの子どもたちがたくさんいます。また、運動の不器用さを主訴に医療機関を受診し専門的な介入を受けるケースは稀な現状です。

② 運動ひろばとは

運動ひろばとは、運動の不器用さがある子どもを対象に著者が有志とともに始めたボランティア活動です。子どもの運動の不器用さに焦点を当て、さまざまな運動遊びを実践しています。

運動ひろばの目的は、子どもの運動能力を伸ばすことではありません。たとえ運動の不器用さがあっても、子どもが日常生活をさらに前向きに過ごせるようになることを目的にしています。

対象は、神経発達症の診断の有無や年齢にかかわらず、運動の不器用さのある子どもとその家族です。近隣の医療機関に協力を依頼し、運動ひろばへの参加が望ましい子どもの紹介や活動の案内チラシの設置などを通じて、参加を希望する家庭を募集しています。スタッフのほとんどが作業療法士または保育士で、これまでに臨床心理士、言語聴覚士、理学療法士、教師などの方々が協力してくれています。活動の頻度は月に1回で、1年を大きく前期と後期に分け、前期は5月〜9月の計5回、後期は11月〜3月の計5回実施しています。また、前期は4月、後期は10月を評価月とし、子どもに対するアセスメントや保護者への実態調査などを行っています。

③ 運動ひろばを始めたきっかけ

運動ひろばを始めようと思ったきっかけは、一人の小学生の男の子でした。ある小学校を訪問し、休み時間を子どもたちと一緒に過ごしているとき、クラスメイトが遊んでいるドッジボールを教室の隅でじっと眺める男の子がいました。その男の子は運動が苦手と聞いていたので、私は、その子はドッジボールに参加したくないのだろうと思って見ていました。すると、偶然その子の前にボールが転がってきて、その男の子が満面の笑みでボールを取って投げ返したのです。その様子を見た時に、「運動が苦手だからといって、運動が嫌いなわけではない」「運動が苦手な子どもでも運動を楽しみたいと思っている」ということに気がつきました。

しかし、園や学校、地域の運動教室やスポーツクラブなどでは、運動が得意な子どもに注目が向けられやすく、運動が苦手な子どもたちが十分に活躍したり、成功したりできる場所が少ないという現状を知りました。そこで、運動の不器用さがある子どもたちのための環境づくりが必要と考え、有志に声をかけ活動を始めました。

④ 運動ひろばの内容

　前述した通り、運動ひろばの目的は、運動の不器用さがある子どもがさらに日常生活を前向きに過ごせるようになることです。そのためには、子ども自身にとって重要な運動を通じて活躍したり、成功したり、励まされたりすることが必要だと考えています。そこで運動ひろばでは、子どもたちができるようになりたい運動や上手になりたい運動、園や学校で実施される機会が多い運動に焦点を当ててプログラムを構成しています。

　例えば、1回のプログラムの流れを、①はじめの会、②自由遊び、③ウォーミングアップ（子どもにとって重要な運動の要素に焦点を当てた活動）、④ジャンプ（縄跳びに関連する運動遊び）、⑤ピッチング（ドッジボールに関連する運動遊び）、⑥キック（サッカーに関連する運動遊び）、⑦終わりの会で構成し、さまざまな運動遊びを行っています。

　子どもたちを1グループ10名前後の2〜3グループに分け、1回の活動時間は90分で行っています。

⑤ 運動ひろばで大切にしている視点

1）アセスメント

　アセスメントは、作業療法士として運動の不器用さがある子どもへアプローチする上で必須です。子どものよりよい生活に向けたアプローチを行うために、一人ひとりの子どもにとって重要な運動や興味・関心、運動発達、知的能力、認知能力、日常生活における運動への参加や遂行の状況、運動に対する主観などを検査や聞き取りなどで評価するようにしています。

2）課題の工夫

　運動の不器用さは、個人－課題－環境の相互作用によって生じると考えられています。したがって、子どもの能力を改善させることだけに注力するのではなく、課題や環境を工夫することによって、運動の不器用さが改善し、子どもが成功体験を得ることができます。

　運動ひろばでは、課題の工夫として、スモールステップや柔軟なルール変更などを行っています。DCDのある子どもは運動学習の問題がみられやすいため、できない

運動を繰り返しさせるのではなく、できる運動を繰り返しながら、スモールステップで徐々に難易度を調整するようにしています。

　また、柔軟なルール変更に心がけ、遊びのルールを子どもの能力や状況に応じて変更するようにしています。例えば、ドッジボールでは、ワンバウンドで当ててもよいルールとし、相手にボールを当てやすくする、サッカーでは、対戦相手は大人一人のみにして味方へパスしやすくすることがあります。

3）環境の工夫

　子どもが活躍したり、成功体験を得たりしやすくするために、人的環境と物的環境の工夫を行っています。人的環境では、子どもの運動の機会を保障し、常に子どもを励ますスタッフを確保するために、運動ひろば全体や各プログラムの目的をスタッフに事前に十分伝えるようにしています。

　また、集団の中でも必要に応じて、個別に子どもにかかわることができるように、スタッフ数を十分確保できるようにしています。

　物的環境では、プログラムに必要な物品や器具の調達、視覚的にルールを理解しやすい環境調整などを心がけています。

4）家族を巻き込む

　運動ひろばの活動は月1回と低頻度であるため、運動ひろばの時間だけで子どもたちが日常生活をさらに前向きに過ごすという目的を達成することはできません。園や学校、家庭で過ごす時間もほめられたり、励まされたりすることが必要だと考えています。

　そこで、運動ひろばでは、初めて参加する家庭に対して運動ひろばの目的や流れ、子どもの運動の不器用さに対する捉え方を伝えるオリエンテーションを実施したり、終わりの会で、その日のよかった点を親から子どもへ直接伝えてもらったりしています。

⑥ 運動ひろばの効果

　子どもたちへよりよい活動を行うための効果検証や、運動の不器用さがある子どもたちへの実践を増やすために、エビデンスを構築することが重要であると考えています。

2018年の前期には、運動ひろばに参加するグループ（11名）と参加しないグループ（6名）に分けて介入研究を行いました。

　その結果、運動ひろばに参加しないグループでは、計5回の介入期間の前後で、協調運動能力検査（MABC-2※）の得点に変化がみられなかった一方、運動ひろばに参加するグループでは、協調運動能力検査の総合点とボールスキルに統計学的に有意な改善が認められました。そのため、月1回の低頻度の活動であっても、運動の不器用さのある子どもたちの協調運動能力を改善させる効果があると考えられます。

　今後は、子どもの協調運動能力に限らず、子どもの生活にどのような効果があるのかを検証していく必要があると考えています。

❼ まとめ

　子どもたちの中には、運動の不器用さによって生活に何らかの困りを抱えている子どもたちがいます。運動の不器用さは直ちに子どもの生命に関わるような問題ではありませんが、運動の不器用さによって、子どもは日々の生活に困りを抱え、さまざまな二次障害に発展するリスクをもっています。そのため、できる限り早期から、生活や地域の中で運動の不器用さがある子どもに対して適切な支援を行うことが必要です。

　運動の不器用さがある子どもへの支援において、発達の知識や遂行分析の視点、アセスメントのスキルなどをもち、一人ひとりの生活に焦点を当てる作業療法士の役割は非常に重要であると実感しています。

　個々の作業療法士が置かれる立場や環境がさまざまですが、それぞれの場所でできる実践から積み重ねていくことが必要です。そのためにも、運動の不器用さがある子どもばかりが努力するのではなく、まずは周りの大人がDCDや運動の不器用さがある子どもの特性を十分に理解するよう努力することが必要かもしれません。

※MABC-2：Movement Assessment Battery for Children-2

2 遊園地みたいな学習塾

一般社団法人虹色 作業療法士 **津田 憲吾**

大分県大分市

❶ 取りこぼされてしまう子どもたち

2011年の「不登校問題に関する調査研究協力者会議」（文部科学省）によると、「不登校児童・生徒の中で発達障害の割合が3割程度」と言われており、発達障害の特性による困りごとが不登校と密接な関係があることがわかります。

発達障害とされるお子さんを地域でサポートする公的制度サービスとして、「障害児通所支援事業」があり、私たちは法人として放課後等デイサービス事業所を運営しています。発達障害のある子どもたちをサポートするのであれば、これらの福祉サービスを提供することも一つの選択肢ですが、「福祉」制度によるサービスには大きな壁が存在します。

それは、ご家族やお子さん自身の「障害（特性）の受け入れ」です。放課後等デイサービス事業所を利用している地域の小学校のお子さんに「事業所に行っていると知られたくない」「変な人だと思われてしまう」と言われたことがあります。このように周囲からの見られ方が気になるお子さんは、学年が上がるにつれて福祉サービスから足が遠のいていきます。ご家族も同様に「福祉サービスを利用することに抵抗がある」との理由から、幼少期から学童期にかけて適切なサポートを受けていないケースもあり、そのことで課題がより複雑化していきます。また、必ずしも福祉サービスの内容が、お子さんの状況にマッチするとも限らず、多くの地域で、福祉や教育や医療、そのどれからも取りこぼされてしまう、そんな子どもたちがいるのです。

だからこそ、私たちは福祉サービスではないmarbleという『学習塾』をつくりました。地域の中に「福祉」という場ではなく、『学習塾』という場を受け皿としてつくることにより、お子さんとご家族が「塾に勉強をしに行く」という動機がもて、専門家によるサポートを受けることへのハードルを下げることが可能になると考えています。

❷ 「勉強」を使う

marbleは、勉強することをサポートしますが「成績を上げよう」とはしません。

発達障害とは、生まれつき脳機能の発達に偏りがある状態です。得意・不得意の凸凹（でこぼこ）と、その人が過ごす環境や周囲の人との関わりのミスマッチから、社会生活に困難さが生じます。「学校の授業は流れていく」「少しでも考えごとをしていると追いつけない」「先生の話を聞くのに必死でノートがとれない」、子どもたちは学校での困りごとをこんなふうに話してくれます。

発達障害は外見からはわかりにくく、その症状や困りごとは十人十色です。そのため、発達障害の特性を「自分勝手」「わがまま」などと捉えられ、「怠けている」「親の育て方が悪い」などと批判されることも少なくありません。このような凸凹ゆえの困難さは、環境を調整し、特性に合わせた方法でサポートすることで軽減します。

しかし、一人ひとりの個性と特性を理解した上でのサポートは非常に難しく、適切なサポートを受けることができないお子さんは失敗体験を繰り返してしまいます。特に学童期に生じる「勉強が苦手」という失敗体験は、子どもたちの心に影を落とします。勉強が苦手だから勉強が嫌い、勉強が嫌いだから学校が嫌い、ひいては、自分のことも嫌いになってしまう。そんな負のスパイラルに陥ってしまうお子さんがとても多いのです。

だからこそmarbleでは勉強をサポートすることで、その負のスパイラルを断ち切ります。「うちの子が何を言いたいのか、初めてわかりました」「一人で学校の準備ができるようになりました」「自信をもって授業に参加できるようになりました」、marbleで過ごすお子さんのことを、ご家族はこのように話してくれます。学習塾という場を飛び越えて、お子さんとご家族の普段の生活が豊かになっていく、これこそ、marbleが勉強を使う理由なのです。

❸ 学習塾＋αの役割

marbleの一番の特徴は、作業療法士と塾講師が連携することにより、『福祉×教育』の場をつくっていることです。作業療法士は、その子の考え方、感じ方、道具の使い方や体の動かし方の特徴などから、一人ひとりの困りごとの背景を考えます。例えば、消しゴムで字を消す際に、紙までぐちゃぐちゃになったり、関係ない場所まで消してしまうときには、姿勢は安定しているのか、指先の力加減を調整できるのか、消す場

所をちゃんと見つけることができているかなどをみます。その視点も踏まえて、学習を進めるだけでなく、時に学習内容で学年を遡ることもしながら、塾講師が一人ひとりに合わせた学習プログラムを考えています。

　しかし、発達障害のある子どもたちが地域の中で生活していくことを考えたとき、学習塾という立場でできることは限られています。そこで必要がある場合は、福祉サービスやその他の地域サービスにつなぐようにしています。先に述べたように、福祉サービスというと、どうしても一歩が踏み出せない方もいます。だからこそ、あえて福祉の領域に特化しない学習塾が入り口となることで、福祉サービス利用のハードルを下げ、はじめの一歩につながりやすくしています。その上で今までの医療や福祉での経験を生かして、より適したサポートを提案しています。

　marbleも地域の中にある社会資源の一つです。障害の有無にかかわらず、誰もが住み慣れた地域で、その人らしい生活を送ることができるように、これからも、さまざまな人にとってのチャンスの入り口になっていきたいと思います。

3 | 手足に特徴のある子どもたちが 多様な活動に挑戦できる社会を目指して

東京大学医学部附属病院、一般社団法人ハビリスジャパン 作業療法士　野口 智子

東京都

❶ Habilis Japan（ハビリスジャパン）

　Habilis Japanはすべての子どもたちが、自分らしさに誇りをもち、成長できる社会を目指して活動をしています。成長過程の子どもたちがさまざまなことに挑戦したり体験したりすることは、心身の発達にとても重要です。それは手足に特徴があったり、障がいがある先天性四肢形成不全児や後天性の切断児も一緒です。しかし、日本では作業に適した義肢や道具があったとしても容易には入手することができません。

　その日本の現状を打開したいと義足や義手、四肢形成不全を専門領域とする医師・セラピスト・義肢装具士・エンジニアが中心となり、Habilis Japanは設立されました。リハビリテーションの語源でもある"ハビリス"はラテン語で"適した"という意味を持ちます。

❷ 小児の義肢

　「義肢」は「義手」や「義足」の総称です。乳幼児から小児の義肢は、先天性四肢形成不全や後天性の切断により失った手足の機能を補うことを目的に使用します。義肢にはさまざまな種類がありますが、その一つであるアクティビティ用義肢は特定の作業に適した形や機能をもちます[2]。

　鉄棒用、縄跳び用、ランニング用など、活動に合わせていろいろな種類のパーツがあります。目的に合うパーツを使用することで、子どもが鉄棒にぶら下がることができたり、患側でも安定して荷重し、跳び箱やマット運動を行うことができ、安全にそしてバランスの取れた身体の使い方で活動に挑戦することができるようになります。

　子ども自身がアクティビティ用義肢を使用し、周囲の児童とともに"挑戦したい"活動に参加することは、障がいによる不参加を受容させるのではなく、自己肯定感の育成と身体および精神の健全な成長と発達を支援し、子どもの可能性を広げることにつながります。

一方で、小児の義肢は成長に合わせて作り変えていく必要があるなど専門的な知識と経験が求められるため、先天性四肢形成不全や小児切断を専門とする医師、作業療法士、理学療法士、義肢装具士がチームとなり対応します。また、リハビリテーション治療に必要な機器の製作や開発には、リハビリテーションエンジニアが関わります[2]。しかし、日本には小児の義肢に対応ができる専門病院が極めて少ないのが現状です。

❸ 日本の現状と Habilis Japan の始まり

　日本の先天性四肢形成不全児は、1万人あたり年間4.15人出生すると言われています[1]。子どもたちが各々の運動に適した義肢を活動に合わせて複数本入手するには、現在の日本には課題が山積しており、容易ではありません。具体的には、①情報提供の不足（義肢に関する包括的な情報提供体制の未整備）、②サポート体制の未整備（成長過程で当事者同士が支え合う仕組みの欠如）、③環境（場）の不足（さまざまな義肢を利用したり練習する場・病院の不足）、④経済的支援の欠如（公的補助の対象ではないアクティビティ用義肢は高額で個人購入には負担が大きい）などがあります。

　当法人の設立メンバーであり理事の藤原清香医師は、それらの問題を解決するためには、病院という医療現場だけでは限界があり、福祉や教育機関等を含めた多分野の専門職種と連携し、義肢に関わる各種制度や義肢そのものに関する課題を解決できる取り組みが必要であると考えていました。

　藤原医師は、2012年から2013年にかけて小児の義肢で有名なカナダ・トロント市のHolland Bloorview Kids Rehabilitation Hospital（以下、HBKRH）に留学し、小児用義肢の臨床について学びました。そこで手足に障がいのある子どもたちが、障がいを理由にあきらめることなく、いろいろな義肢を使ってさまざまな活動にチャレンジする姿を目にしました。カナダの子どもたちは、本人が希望する活動に適した義肢を複数持つことはめずらしくありません。そんな子どもを支える医療スタッフは子どもたちの"挑戦したい"を、適切な義肢を提供することで形にしていました。

　カナダのHBKRHでは、素晴らしいチーム医療が子どもたちの社会参加と活動を中心とした診療を行っていましたが、日本との大きな違いは民間団体の関与でした。カナダでは「The War Amps」という民間団体が、高額な義肢取得費用や当事者による精神面でのサポート（ピアサポート）など、包括的な支援体制を提供していました。そこで、日本の現状を変えるため、小児義肢を必要とする日本の子どもたちへの支援

体制を確立したいとの藤原医師の思いに賛同したメンバーが集い、Habilis Japan と
して活動を始めました。

❹ Habilis Japan の活動

　Habilis Japan の特長は、さまざまな専門職（医療福祉、教育機関、義肢装具開発者、
運動指導員、アスリート等）と当事者、ご家族が連携して課題解決に取り組んでいる
点です。また、活動の意義に共感した多様なプロボノメンバーが関わっています。そ
して、日本の現状を改善するため4つの事業を軸に活動しています。

1）アクティビティ用義肢の体験や社会参加の機会提供

　運動教室、料理教室、職業体験などのイベントを開催し、手足に障がいのある子ど
もたちがさまざまなことに挑戦できる場を提供しています。イベントでは、義肢を専
門領域とする医師、作業療法士、理学療法士、義肢装具士、エンジニア等が一緒に参
加し、子どもたちが安全に多様な活動に挑戦できるようサポートをしています。また、
アクティビティ用義肢の体験会や子どもとそのご家族が当事者の先輩や専門職と交流

〔イベントの様子〕

運動教室

料理教室

スノーボード教室

キャッチボール教室

し情報共有ができる家族交流会も行っています。

2）義肢のレンタル事業

　公的支援制度での支給が難し
いアクティビティ用義肢を、子
どもたちが挑戦したいと思うと
きに届けることができるよう、
パーツの貸与を行っています。
今後は、貸与するパーツの種類
の拡大を目指しています。

運動用義手鉄棒用 Hamo　　　作業用義手マット用 Tamtam
（今仙技研究所社製）　　　　　（今仙技研究所社製）

貸与している部品

3）アクティビティ用義肢の開発、調査研究

　日本で販売されている子ども用の義肢パーツは、ほとんどが海外製で高価なため、
簡単には手に入れられません。Habilis Japan では、イベントで子どもたちの家族か
ら寄せられたニーズや、体験会等で得られた知見を活かして、医療機関や大学・民間
企業と連携して国産の義肢関連部品の研究開発を行っています。

　2018 年に子どもたちの成長に関わるさまざまな専門職の意見や技術を集結し、マッ
ト・跳び箱用手先具「タムタム」と鉄棒用手先具「アーモ」を開発し、子どもたちの
もとに届けられるようにしました。

4）認知度向上を目指した教育・啓発活動

　手足に障がいのある子どもが義肢を活用して、安全にさ
まざまな活動に参加するためには、専門職のサポートと
子どもとその家族への情報提供と指導が必要です。しか
し、医療機関や教育機関で、アクティビティ用義肢を積
極的に支援できる体制は国内に広く定着はしていません。
社会での認知度向上と、子どもたちを支える輪の構築の
拡大を目指し、セミナーや絵本制作等も行っています。

『いろんな おててと ぼく』
障がいのある男の子が義肢
と共に成長する様子を描い
た絵本。

❺ 今後の展望

手足に障がいのある子どもたちが、さまざまなことにチャレンジすることができて、自分らしく成長できる社会と環境を目指し、Habilis Japanは今後も活動を継続していきます。具体的には、前述した①情報提供の充実（居住地域や家庭環境等に関わらず、義肢を必要とするすべての児童とその家族には、必要な情報が十分に得られる社会）、②環境（場）の充実（さまざまな義肢を利用したり、訓練する施設やイベント等の環境が充実した社会）、③経済的支援の充実（必要な時に必要な用途の義肢を経済的負担なく利用できる社会）、④サポート体制の充実（当事者同士が互いに支え合い、児童が将来に不安を抱くことなく成長できる社会）の実現を目指します。

Habilis Japanがハブとなり、希少疾患ゆえに、周りに同じような境遇の友達が少ない日本各地に偏在する子どもたち同士が、つながることのできる環境を提供したいと思っています。また、全国の医療関係者や教育関係者など専門職が連携する場を構築し、子どもたちへ多職種間による多角的な支援が提供できる体制を整え、将来的には小児義肢診療を実施できる施設の充実を図りたいです。

そのためにも今後、より多様な環境や関わり合いを可能とする作業療法士が私たちの活動に参加してくれることを願っています。社会的に子どもたちを取りまく環境について知られていない現状やさまざまな課題について認知度を向上させ、子どもたちを支える輪を広げていけるように活動していきたいです。

〔引用・参考文献〕
1）Mano Hiroshi. et al., Congenital limb deficiency in Japan: a cross-sectional nationwide survey on its epidemiology.BMC musculoskeletal disorders 2018; 19
2）一般社団法人Habilis Japan "義肢について"
　　Habilis Japan. https://habilisjapan.com/prosthesis（2022-7-1）

1 ずっと一緒だよ
── 一貫性と継続性のある支援体制の構築を目指す取り組み

たすくグループ　増子拓真

東京都国立市

❶ 全国どこでも一貫性と継続性のある療育や支援を

　たすくグループ（以下、たすく）は2008年に創業し、2022年現在で全国に11拠点の児童発達支援事業や放課後等デイサービスなどの療育教室、就労支援を行う事業所、コンサルテーション事業を展開しています。2022年には同グループ内で新たに社会福祉法人の認可を受けました。

　療育教室にて中心となるのは独自の「アセスメント」であり、利用されているご家族に対して、年に一度関係者が集い、半日をかけて実施しています。レポートを保護者に共有するだけでなく、保護者を通じて学校やその他の関係者にも閲覧を推奨し実態把握と理解を進め、明日からの手立てを共有しています。

　また、たすくが目指すのは、全国どこでも発達障がいのある子どもたち一人ひとりが、一貫性と継続性のある療育や支援を受けられることです。そのためには、専門家一人が関わることのできるお子さんも限られているため、良質のメソッドを開発し、マニュアルやプログラムを系統立て、パッケージ化しています。

　さらには、定期的な研修会・研究会を実施し、保護者や外部の専門家（支援者・教員など）も参加しています。ここでの目的のひとつは、支援者のネットワークを広げていくことであり、それぞれの地域での関係者が集う場も定期開催しています。

❷ 一貫性と継続性のある支援体制とは

　たすくの支援スタイルの根幹にあるのが「ずっと一緒だよ」というフレーズです。これが、学校や年齢制限のあるサービスとの違いです。担任が変わったり卒業したりしたらつながりが途切れるのではなく、常に一貫した基準のもとで、子どもたちの特性と成長とを、定期的に記録し、年代や環境の変化、それに伴う問題や悩みの変化にも対応し、範囲を限定せず、生活のあらゆる分野にわたって継続した支援を行っていきます。

障がいに気づき始めた早期から、自分の力をベースに生きていく成人期まで、サポートしていきます。その際、私たちが行う「支援」とは、なんでも助けてあげるということではありません。あくまで本人たちが主体的に生きていくことをサポートします。そのためにはどのような支援や環境が必要であり、また適切かを常に考え、時に修正し、進化させていくことが私たちの使命だと考えています。

❸ 保護者との協働・連携

　保護者のみなさんは、それぞれがご自身のお子さんの最大の理解者です。ですが、最初は「子どものことがわからない」と悩む方も多くいらっしゃいます。発達障がいのことやそれにまつわる社会のことを学び、できること、苦手なこと、どんな支援を、どんな方法で行ったら学習がスムーズにいくかなど、失敗を繰り返しながら、お子さんと共に進んでいきます。そんな試行錯誤の結果やお子さんの成長について、保護者が実践をまとめて発表する機会を年に数回、設けています。これまでの子育ての悩みから、療育での変化、今後の展望など、想いが詰まった発表を当事者のご家族や支援者、専門家と共有しています。

　日々の経過については、現在タブレット端末を介してご家族との共有を実施しており、これまでのアセスメントレポートや、動画、日々の記録、メッセージのやりとりをこの端末を使って行っています。そして、重視しているのが、すべての子どもたちの自立と社会参加を実現するための個別の支援計画の作成です。本人・家族が管理できるように個別の支援計画をクラウド化することで、つながりたい支援先とリアルタイムで共有したり、書類や記録を一括管理したりと、情報共有の効率化を図っています。

　たすくではこの個別の支援計画を「カテゴリー10」という名称で作成しており、保護者と共有しています。あらかじめ入力する情報をカテゴリー化することにより、情報のまとまりやわかりやすさを重視しています。そして、本人の年齢が上がるに従い、より本人を中心とした「ポートフォリオ」へと移行していきます。

本人・保護者を中心とした個別の支援計画（カテゴリー10）の共有イメージ

この「ポートフォリオ」には、それぞれが自らさまざまな取り組みや興味・関心のあること、情報を入れていきます。家族や支援者に手伝ってもらいながら、青少年期からつくり続けるポートフォリオは、進学や就職活動において自身をアピールするツールとなり、意思決定を助力するツールとして有効に活用することができます。

また、保護者の持つタブレット端末では、療育・教育・支援にまつわる研修資料や講義動画も閲覧できるようになっており、常に最新の情報を得たり、学んだりすることができます。

④ 地域での移動スキル

送迎付きのデイサービスが当たり前になり、保護者にとっても学校と事業所、自宅間の送迎をする負担が軽減されている一方で、18歳以降の就労時点では、基本的に自立移動ができないと就労できないという現実もあります。また、将来にわたって生まれた地域で暮らしていくためには、積極的に地域に出ることも必要です。特に首都圏では、公共交通機関が発達しており、これらを自ら使えるようになることは、子どもたちの将来の選択肢を広げることにつながります。

私たちは、学齢期の間に公共交通機関を用いた移動を繰り返し行うことによって、電車やバスの乗り降り、マナーなどを学ぶ機会を設け、自立度を評価しています。

⑤ 地域活動

年間を通して実施し、子どもや保護者が参画する活動の中に「ノルディックウォーキング」があります。ポールをついてのウォーキングで、全身の筋肉の多くを使うと言われています。発達障がいのあるお子さんの中には、身体の協調動作がうまくいかない場合があり、左右を交互に出すことや、歩くリズムに合わせてポールをつくことが難しい場合があります。まずは、歩くことを意識して、距離を伸ばしていき、達成感を得ることから始めています。また、この活動は前述の保護者との協働とも関連しており、お子さんの父親に活躍していただく場合が多く、コースを事前に決めたり、グループを決めて隊列を組んだりと、父親の役割を決めて地域活動を行っています。何より、この活動への参加がルーティンとなっているお子さん、保護者も多く、みんなで声をかけ合いながら、学年や学校の違うお子さんたちや保護者同士の交流を促進しています。

❻ 学校連携・支援コンサルテーション

　学校等外部機関コンサルテーション事業では、特別支援学校だけでなく、小中高や幼稚園・保育園、他の放課後等デイサービス等の事業所支援などの外部機関へ訪問し、アセスメントの実施による本人理解の推進、職員研修などの各機関に合わせたサービスを提供しています。今回は、都立特別支援学校における外部専門員事業と、都立高等学校通級指導の2事業をご紹介します。

1）都立特別支援学校外部専門員事業

　都立特別支援学校における外部専門員事業は、2011年度からの東京都特別支援教育推進計画第三次計画より「大学・外部専門家との連携による授業改善支援」として明記されました。その目的は、児童・生徒の社会的自立に向けて専門家と教員とが連携した指導体制を構築し、指導の質を向上させる、ことです。

　たすくは2012年度から事業を開始し、現在10校（2023度時点）からの委託を受け、年間のべ500回以上の訪問を行っています。訪問前には、事前に担当教員からインテーク資料を作成していただき、そのシートに保護者ニーズの聞き取りや担当教員の見立てが反映されています。アセスメント実施の際には担当教員と共に記録を行うことによって、どのような視点で関わっているのか、本人の特性をどう理解するか、をその場で共有できるようにしています。

　アセスメント後は協議の時間を設けることにより、アセスメントを振り返りながら、明日からの授業にどのように生かすことができるのか、家庭と連携できるポイントはどこなのか、を具体的に話し合っていきます。学校における研修機会も設定をし、本人理解のための教員間での共通言語づくりや、事例検討のためのチームファシリテーションを定期的に行うことで、学校内のコミュニケーションの円滑化を図っています。

2）都立高等学校通級指導

　都立高等学校通級指導は、2021年から外部に連携事業者選定を募集し、TASUC株式会社、他2業者が選定されました。現在7校（2023年度時点）からの委託を受け、各校週1程度の訪問を実施しています。各校において対象生徒を選定し、教育委員会の了承を得て、連携事業者との支援を行っています。実施に際しては、事前に1時間程度担当教員との打ち合わせを行い、1時間程度の授業を担当教員と連携事業者とで実施します。その直後に振り返りを1時間実施することで、生徒の特性の共有や授業

でのポイント、次回に向けた対策について議論をします。

　実際の指導は、担当教員とチームティーチングを行うかたちで、学習指導要領における「自立活動」の内容を参考にして、生徒の実態像に合わせて独自のパッケージを構成して実施しています。生徒たちが直面している指導ニーズは、教科学習の遅れ、「不器用さ」や「感覚処理の問題」などの身体に関する課題、コミュニケーションや日々の生活の管理・計画立案などの社会性に関する課題、キャリア発達における課題など、彼らのライフステージから多岐にわたっています。

　「学校等外部機関コンサルテーション」は異なる専門性をもつ専門家同士の連携・協力を実現し、特別支援教育の推進だけでなく、教育、福祉や地域資源をつなぎ、インクルーシブ教育システムを実現することを目指しています。

2 「まちOT」 まちの文化を育む作業療法

こどもセンターゆいまわる　仲間 知穂

沖縄県南風原町

　障害児等療育支援事業、保育所等訪問支援など福祉サービス、特別支援学校に所属しての地域の学校への訪問、市町村の独自の事業など学校システムでの作業療法の提供が増えました。学校作業療法という言葉もOT業界では「学校を理解し支援できる作業療法」として理解が深まってきています。しかしまだ学校現場では、心理士、社会福祉士といった専門家の関わりは知られていますが、OTの認知度はこれからのようです。

❶ 学校に作業療法士として参加する意義
――学校に作業療法士が必要な理由

　学校では、専門家として基本的には子どもの問題と感じる行動の解決を期待されます。しかしその解決は、子どもの能力の影響で何かができない状態に対し、対応できればいいというようなシンプルなことだけではありません。子どもの能力だけでなく、生活歴、家庭環境、先生の教育経験や人柄、学級の状態、先生と子どもの相性、友だち関係、学校の方針など、さまざまなことが複雑に影響し合い、その状況を作り出していることのほうが多いので、その多様で複雑な問題への対応をOTとして、どのようにむき合うのかが、学校に専門家として参加する意義になっていくでしょう。

　例えば「授業に集中できない」というある児童の相談一つにおいても、

① その子自身の要因（例：机上動作を遂行する上での姿勢保持に過剰な努力を要し、さらに聴覚と視覚情報を同時に処理できないために授業に置いていかれている状況が影響している）

② 家庭の要因（例：母子家庭で家庭学習のサポートが十分にない環境）

③ 学級環境の要因（例：学級には6名の授業についていけない子どもたちがおり、対象児童以外にも先生が時間をとられていて個別対応ができない）

④ 担任の要因（例：新任でクラス運営だけでなく研修もあり、学級対応の時間がと

りにくい状態に加え、すでに現状に先生が疲弊しており、精神的に追い詰められている）

⑤　その他の要因（例：数名の保護者からクラスで問題行動を起こしている子どもたちに対するクレームがきている）

　このような要因の相互作用で起こっている場合があります。どこから対応したらいいのでしょうか。これまでの学校の対応を見ていると、このような状況に対し、多くの時間をかけて一つひとつの要因に対応していく傾向にあると感じています。しかし、一つ対応できても別の要因が不安定になるなど状況は安定しにくく、安定させるまで教員が過剰なエネルギーを費やし続ける必要がありました。もちろん、教員の腕次第でスムーズに解決できるケースもあります。ベテラン教員や腕利きの専門家が介入し、学級経営を一気に変更することで修正できるケースもあります。それも一つの関わり方として価値があると思っています。

　しかし、これまでさまざまな先生たちと話をしてきて、強く感じることは、どの先生も自分でできることは何だろうか？と模索しているということです。「専門家に頼りたい」「ベテランの先生が代わってやればいいのに」という気持ちをもった先生にお会いしたことはありません。「自分ができることで子どもたちに教育を届けたい」という先生たちの気持ちを中心に置くことはできないのか。そのクラスという機会に遭遇した教員と子どもたちが、自分で自由に選択し、デザインし、学級運営を自分たちで楽しんで組み立てていくことはできないのかと、ボランティアで学校現場にいた時に常々感じていたことでした。

　これまで私は、そのような状況を目の当たりにしてきて、やはり作業療法が必要だと思うのです。作業療法は作業に焦点を当てるという他職種にはない視点と、作業遂行を拡大するという専門的技術の活用があります。どうやって問題を解決するのかという視点ではなく、たくさんの問題が実際あったとしても、子どもがしたいこと、先生や保護者が期待したいことなど、クライエントの作業である「届けたい教育」を、どうやって子どもたちがこのクラスの環境でできるのかという視点で取り組むのです。

❷ 問題の解決と作業遂行の拡大の違い

　「問題を解決する」ということと「作業遂行を拡大する（届けたい教育を叶える）」ということを考えたときに、一つの大きな違いがあることに気づきます。

問題の解決を中心とする場合、発達障害の問題や問題の要因、その対処方法を一番よく理解している専門家がチームの中心となります。一方で、届けたい教育を叶えることを中心とする場合、届けたい教育は何か、その教育を届ける環境がどういう状況なのかを一番理解している人がチームの中心となります。そしてそれは、担任の先生になります。

　届けたい教育を叶える取り組みは、まさに担任教員中心の実践なのです。先生が「自分でできること」を望むのであれば、届けたい教育という先生の作業を先生ができるという実践は、教員を健康にする関わりでもあるのです。

　私が学校作業療法を初めて取り組ませていただいた学校の平良瑞枝校長先生がおっしゃっていました。

　「先生が自信をもって教育ができれば、障害の有無にかかわらず、すべての子どもたちは必ず元気に育つ」

　まさに、教員の健康の上に子どもたちの作業の実現があるのだろうと、10数年間、学校作業療法をしてきてさらに強く感じることです。

③ 学校に作業療法を提供するとは

> 1）学校に作業療法技術を提供する
> 2）学校に作業療法を実施する

　学校作業療法を行う上で、2つの関わり方があると感じています。

1）学校に作業療法技術を提供する。

　作業療法は人の認知機能、運動機能、精神機能を評価することができます。さらに環境との相互作業を分析するような環境の評価もすることができます。学校での問題行動の解決に向けて、それらを総合的に評価し、どうしたらできるのかを考える視点が、学校に作業療法技術を提供する視点になります。

　例えば、黒板に書かれた文字を理解しながらノートに書き写す企画に変更するという認知機能の影響、それを書き写す際の机上動作における姿勢コントロールや上肢の巧緻性、補助手の協調運動など運動機能の影響、そして、集中力や45分間抑制され

続けるプレッシャーなどへの精神機能の影響など、一つの動作の遂行にさまざまな機能が相互的に影響し合い課題となるのです。

　どれかひとつしか見られなかった場合、できない理由に対し、量を減らすなど引き算的な対応になることも考えられます。しかし、どの機能も相互的に分析できれば、身体を定期的に動かしながら授業に参加させることや、下敷きの質感を変えて書きやすくすることで、書く耐久性を向上させるなど、できるための工夫をデザインすることができます。

　さまざまな学校を訪問して、これだけ多岐にわたり分析できる専門家に出会ったことはなく、やはり作業療法士として貢献できる技術だと感じます。

２）学校に作業療法を実施する。

　これまでお伝えした「届けたい教育に焦点を当てる」という関わりが、学校に作業療法を実施する視点になります。

　子どもと先生一人ひとりの多様性を前提とし、届けたい教育の実現に向けて対応していくのです。その対応一つひとつがさらに影響し合い変化し続けていくプロセスとなります。その日々にまた次のアクションを起こしていくことになります。

　また、アクションは専門的な介入や特別な関わりではなく、先生が「こうしたい」と感じて日々の生活の中で選択していくものです。そのため、学級運営に作業療法を活用した先生たちは、今の生活を見て「Aくんがよくなった」という印象よりも「Aくんが不安になっても友だちがいるから…」と総合的に子どもたちを評価する方が多いのです。

　ある小学校6年生の男の子と学級運営に作業療法をしたとき、その男の子の授業の参加について担任の先生が話していました。「授業中、彼が落ち着かなくなると虫網を持ってクラスの中を歩いては友だちを捕まえるんです。これはうちのクラスの日課でして、授業中のそのユニークな中断は、授業に笑いを起こします。授業は子どもたちにとってプレッシャーを与えますからね。意外にその虫網に捕まることが息抜きになるんですよ」

　このクラスでは、男の子の授業中の虫網での友だち確保という行動は、「離席」とか「問題行動」といった括りで存在はしていません。それはありのままのクラスの生活の一部となり、確かに授業の進行を止めるものではあるけれど、息抜きにもなるというさまざまな方向から理解され、結果的に存在し続けることをクラスみんなで認め

ているのです。彼はそのまま、この子たちと中学校に進学しました。中学校でも離席はするものの、迷惑行為と評価されることはないと中学校の先生が話していました。

このように学校に作業療法を実施するということは、行動や障害、能力について問題か否かという評価をすることすらなくなります。その子のありのままの能力と行動はクラスに存在し、届けたい教育の実現に向けて、どのように影響し合うのかという物語で取り込まれることになります。そして、中学校でもその文化がつながっていったように、この物語は次の生活の場でも紡がれていくのだと思います。

④ 学校に作業療法を
──学校作業療法をメインストリームへ

こどもセンターゆいまわるは「届けたい教育」の実現のためのコンサルテーションを行っており、これまでの実践では、家庭と学校が安心して協働的に子どもの成長を支えるチームづくりや、対象児だけでなく共に育つクラスの子どもたちにも教育的影響を与えることを可能にしてきました。その他にも、先生のエンパワーメント、親の安心、公平な教育の機会の提供などの効果につながっていきました。

その効果は「学校に作業療法を実施する」のところで記したように、肌感覚でいいと感じてもらえるものです。そのため、〇〇法より〇〇法がいいねといった二者選択的な変化ではなく、学校で貢献してくださっているスクールカウンセラーやソーシャルワーカーなど他職種も含めて一緒に学校をどうしていきたいのかという視点で浸透していきます。

2020年に始まった委託事業としてのまちOTは、保育園（17園）に年間3回（計51回）、幼稚園（4園）に年間6回（計24回）、小学校（4校）と中学校（2校）に年間9回（計54回）でスタートしました。2022年ではさらに、幼小中学校には毎月のOT訪問が位置づけられ、特別支援教育における支援員の配置計画にもOTが評価として関わることとなりました。

「学校に作業療法を」とまちが声をあげてくれているのです。学校作業療法がメインストリームになっていけるためには、作業療法の本来の魅力である、作業（届けたい教育）に焦点を当てられることを、多職種連携の中でOTが伝えていくことだろうと感じています。

コラム ⑥ OTにIT(OTIT)に出会い、病院から地域分野へ

訪問看護ステーションそらまめ　作業療法士
門脇　結衣

● OTの強みを生かした地域での関わり方に感銘

私が学童保育×作業療法士連携（以下、学童×OT連携）に出会ったのは、2019年10月に江戸川区で開催された「学童保育×作業療法士コンサルテーション」基礎講座に参加したことがきっかけでした。当時、作業療法士（以下、OT）として病院勤務4年目で、漠然と将来や今後のキャリアに関する不安を抱えていた時期でした。いずれは地域や子ども分野で活躍したいという思いがぼんやりありながらも、それに向けてどう行動したらよいかもわからず、モヤモヤしながら日々バタバタと忙しく病院内のリハビリ業務に従事していました。

「よくわからないけど、将来は地域や子どもの分野で活躍したいし、とりあえずなんかおもしろそう」という単純な理由で参加しました。OTの強みを生かした地域での新しい関わり方に感銘を受け、その考え方になぜかしっくりと腑に落ちたのを今でも鮮明に覚えており、「これなら私にもできそう。地域で活躍したい！」と強く感じた講座でした。今思えば、これが私の一つの分岐点だったと思います。

その後、2019年12月には、神奈川県にある遊びリパーク Lino'aで開催された「学童×作業療法in湘南 子どもたちと関わるセミナー」にも参加し、岡山県学童保育連絡協議会の糸山智栄さんはじめ、今ではオンライン勉強会「OTにIT」（以下、OTIT）でおなじみの方々と出会ったのもこの頃でした。2020年5月、新型コロナウイルス感染症により世の中のいろんな出来事が制限されていくなかで、糸山さんから、学童×OT連携についてオンライン交流会を行いたいので、協力可能な作業療法士さんいませんか？と呼びかけがありました。

● ゆるゆる交流・学びのOTITの運営に関わる

「せっかくのつながりを生かしたい」という思いから参加を表明し、私と同じように何人かが手を挙げ、とりあえずやってみよう！ということでその翌週からOTと学童保育支援員を中心にOTIT（5ページ参照）が始まりました。それから毎週火曜日の21時〜さまざまな立場や職種の人たちが夜な夜な話題を提供し、ゆるゆると交流し学び合う場ができました。運営はOTや学童保育支援員など約10人の有志で行い、打ち合わせはほぼなく、その場その時の雰囲気や状況に合わせながら会を進め自然に司会や宣伝、裏方のサポートなどの役割分担ができていきました。

参加者は、毎回30〜50人ほどが全国各地から集まってきます。毎回継続して参加する常連さんもいれば、その回の講師の友人知人や、中にはテーマに惹かれて「初めてで緊張するけど来てみました」という方の参加もありました。多世代での居場所づくりや就労支援がテーマの回は100人を超えたこともあり、今までの最高人数は160人でした。参加者の大半はOTや学童保育関係者で、他にも理学療法士や言語聴覚士などのリハビリテーション専門職、精神保健福祉士や社会福祉士、保育士などの福祉専門職、テーマによっては農家や会社経営者、OT学生など幅広い立場から多くの方

が参加しています。

● 地域の訪問看護ステーションに転職

　参加者の立場も多種多様だからこそ、同じ内容でも質問や感想がさまざまでいろんな視点や捉え方に触れて共有できることが本当におもしろいし、この会の醍醐味だと感じています。そしてOTITだからちょっとコアなところまで突っ込むことができ、普段はなかなか聞くことができないウラ話まで出てきたり、「実は…」の本音が出てきたり、他の勉強会とはまた違うゆるい雰囲気もいいところです。

　OTITを通して得た地域や子どもに関わる、おもしろくて熱い人たちとの出会いと学びとつながりが「とりあえず、地域にでてみよう！　飛び込んでみよう！」と私の心を動かし、2022年4月に地域の訪問看護ステーションに転職しました。

● 人生が変わるOTIT

　住んでいる地域も職種も立場も違う人たちが毎週、同じ曜日の同じ時間にオンライン上で集まり、多職種で学び交流する勉強会を継続していることは本当にすごいことですよね。私含め、このOTITに参加して転職やキャリアチェンジをしたり、何か新しいことを始めたり、学びのために学校に通い資格を取得したりする方をたくさん見てきました（私は勝手に「人生が変わるOTIT」と呼んでいます‼笑）。ゆるくつながって何かのタイミングできっかけができたり、背中を押されたり、勇気をもらえたりと、これからも参加される方々の安心できる第三の場としてあり続けたいです。

　OTITがきっかけで広がったアクションや出会いも多々あり、この本も含めて、OTITから何冊もの本が出版されました。そしてなんと、私自身もこの取り組みを日本作業療法学会で、3年連続で発表させていただきました。

　今この本を手に取って読んでいるみなさんも、出会いがたくさん詰まっているゆるくておもしろいOTITを覗きに来てみてください。もしかしたら、これが何かのきっかけやチャンスにつながるかもしれません。背中を押されたり、悩みや不安が少し軽くなったり、何かのヒントになったり、あたたかい気持ちになったり、きっと心動かされる場になるかと思います。ぜひ、お待ちしています‼

日本全国続々と学童保育に
作業療法士がやって来た
小林隆司他／著
（高文研，2022）

「学童保育×作業療法」
コンサルテーション
小林隆司／監修　八重樫貴之他／著
（クリエイツかもがわ，2021）

学童期の感覚統合遊び
太田篤志／監修　森川芳彦他／著
（クリエイツかもがわ，2019）

点滴穿石
てんてきせんせき

── さあ、1歩ふみだそう ──

小林隆司（兵庫医科大学　作業療法士）

　私がまだ駆け出しのころ（今から35年ほど前）は、リハビリテーション（以下、リハ）といえば、都会の喧騒を離れて、温泉病院で訓練を受けるというイメージがまだ一般的だった。患者さんたちは、風光明媚な温泉地で手足を動かしてもらい、もうこれ以上よくなりませんとなると、自宅に戻ってこられた。そしていざ自宅に帰ってきたら、どうやってお風呂に入ったらいいのかわからなかったり、自宅のトイレでは用をたせなかったりする患者さんが少なからずいた。自宅と病院とでは、お風呂やトイレの環境が異なるし、介護力も違うだろうから、そういったギャップが生まれたのだと思う。

　このような患者さんが、いろいろなところで窮状を訴えると、当時は訪問の制度がなかったので、地域リハを先導する先輩方はみなさん手弁当で患者さんの家に訪問し、環境を整えたり（例えばベッドの足を切って乗り移りやすい高さにするとか）、自主トレの方法を教えたりされていた。今の訪問リハのようなさまざまな制度は、そうやって先人が、患者さんのために自分の時間とお金を割いて活動したおかげでできたものだ。

　そこで私が言いたいのは、お金にならないからやらないというのでは何も始まらないということだ。地域で作業療法が求められているなら、お金になってもならなくても、まずはできる範囲で活動していただきたいと思う。そうやって踏み出した活動の結果は、もしかしたら自分の想像したものとは違うかもしれない。しかし、その結果こそ、何かを始めた人にしか見られない光景で、将来の自分を豊かにしてくれるものだと思う。

　点滴穿石という言葉がある。ほんの小さな水滴でも、一点に落ち続ければ、石に穴をあけることができるという意味である。小さな活動から、少しずつ積み重ねていこうではないか。

おわりに

職種は違えど

　ここに関わる誰もが「こどもをまん中」に、そして、子どもたち一人ひとりの生活の豊かさを日々願っている。

　大人たちにかかっている「バイアス」が、時に子どもたちの行動を制限し、「ねばならない」の呪文を唱えている。ほんの少しの思考の変化で、大人たちの「バイアス」が外れた時、双方が豊かになることに気づいてほしい。

新しい景色

　私は、作業療法士（OT）さんとの出会いで、有意義な思考を得ることができた。そこから見えてきた世界は、自分の行動を大きく変化させ、新しい扉を開いた。

　放課後児童支援員だった私は、法人を設立し、経営者になる道を選んだ。

　そして、居住する市で初の『民設民営の放課後児童クラブ』をつくった。

　街中の5Kの古い一軒家を借り、内装は全リフォーム。

　市との協議を重ね、待機児童が多い校区ということもあり、『放課後健全育成開設事業費』の補助金で10/10を市が補助した。

　こどもたちの放課後を、もっともっと楽しい時間にするために。

　そして、こどもたち一人ひとりが自ら輝けるように。

　障がいがあろうがなかろうが、こどもはこどもの中で育ち、自らがもっている「生きる力」を遊びや経験、冒険を通して育んでいく。身近な大人の大きな許容とまなざしの中でこどもたちが安心して育つことができる環境があることが、こどもたちの明るい未来につながっていくことでしょう。

作業療法士連携が生み出すメリット

　OTは「その人が、その人らしく生活できるように生活支援をする」専門家である。

　私がこれまでに出会ってきたOTさんは、形に囚われることなく、「その人が望むその人らしさ」をとても大切にしておられる方たちばかりでした。

放課後児童支援員の狭い視野を、そっと広げ、身体のつくりといった専門的部分は
しっかりとわかりやすく伝えてくれます。

　連携することで、放課後児童支援員は、持ち得なかった視野や思考に出会い、自ら
の専門性と融合させながら、豊かな支援を子どもたちに行うことができるようになる
のです。

地域へ。そして、こどもをまん中へ

あらゆる可能性を秘めた「作業療法士連携」。
こどもたちは、今を生きている。「今」が豊かであれば、必ず未来は明るい。
私はそう信じている。そして、今、私はワクワクしている。
地域へ出よう！

佐賀県唐津市　一般社団法人キラキラヒカル

代表理事　田中　雅美

☐ 執筆者一覧／五十音順 (監修者・編著者を除く)

赤木　美子 (岡山県／一般社団法人チカク　代表理事)

浅野　由希 (香川県／丸亀こどものお城・リハビリクリニック　作業療法士)

市川　雪絵 (鹿児島県／特定非営利活動法人かごしま子どもと自然研究所)

伊藤美保子 (愛知県／藤田医科大学保健衛生学部リハビリテーション学科　作業療法士)

大塚　久子 (栃木県／認定こども園東光寺幼稚園　園長)

大森　知香 (宮城県／仙台市鶴巻児童館　児童厚生員　作業療法士)

小野　治子 (宮城県／東北福祉大学健康科学部リハビリテーション学科　作業療法士)

片岡　紗弓 (岡山県／一般社団法人Lycka till［リュッカ ティル］　作業療法士)

角野いずみ (岡山県／特定非営利活動法人オレンジハート理事長
　　　　　　　　　津山北小ひなづる児童クラブ主任指導員)

門脇　結衣 (東京都／訪問看護ステーションそらまめ　作業療法士)

小出　直樹 (兵庫県／児童発達支援センターゆーかりの森　作業療法士)

後藤公美子 (東京都／神明幼稚園保護者OB　東京都江東区学童保育連絡協議会会長)

小俣みどり (東京都／特定非営利活動法人子育てネットワーク・ピッコロ　理事長)

塩田　典保 (栃木県／一般社団法人つばさ　放課後等デイサービス　作業療法士)

谷口　雅子 (愛知県／特定非営利活動法人放課後のおうち　理事長)

津田　憲吾 (大分県／一般社団法人虹色　作業療法士)

大郷　和成 (神奈川県／特定非営利活動法人laule'a副理事長　遊びリパークLino'a　施設長　作業療法士)

永田　寛貴 (岡山県／精華学園高等学校岡山校　校舎長)

仲間　知穂 (沖縄県／こどもセンターゆいまわる　作業療法士)

西江　勇太 (岡山県／TOIROAD岡山校　作業療法士)

西﨑　宏美 (岡山県／特定非営利活動法人子どもシェルターモモ　専務理事)

野口　智子 (東京都／東京大学医学部附属病院　一般社団法人ハビリスジャパン　作業療法士)

野口　泰子 (岡山県／岡山医療専門職大学　作業療法士)

早川　佳乃 (三重県／むすぶ—掬ぶ—　作業療法士)

東恩納拓也 (埼玉県／東京家政大学健康科学部リハビリテーション学科助教　作業療法士)

星　　幸子 (神奈川県／作業療法士)

増子　拓真 (東京都／たすくグループ　作業療法士)

丸茂ひろみ (群馬県／社会福祉法人みどの福祉会　業務執行理事)

本西　光枝 (東京都／江戸川・生活者ネットワーク　区議会議員)

森川　芳彦 (岡山県／専門学校川崎リハビリテーション学院　作業療法士)

八重樫貴之 (東京都／株式会社リニエR　作業療法士)

山田　佐和 (岡山県／備前市地域おこし協力隊　作業療法士)

＊2016年からスタートした「学童保育と作業療法士の連携」のチャレンジは、全国各地のたくさんの人たちのアクションにより、次から次へとつながっていきました。それぞれの人のその時のアクションは、ほんの気軽なものだったのかもしれませんが、めぐりめぐって、知らない誰かの幸せにつながっています。本書にお名前だけ登場している人たちに感謝を込めて、改めて紹介します。

伊藤祐子 (東京都立大学・作業療法士)、稲毛優希 (作業療法士)、宇野功二 (作業療法士)、江渡義晃 (作業療法士)、大野宏明 (川崎医療福祉大学・作業療法士)、大森有希子 (東京都葛飾区議会議員)、国府田恵美子 (栃木県学童保育連絡協議会)、鈴木愛子 (名古屋市学童保育保護者OB)、高橋香代子 (北里大学・作業療法士)、仲本かなえ (一般社団法人カナカナ)、鍋倉功 (学童保育指導員)、福田弘子 (作業療法士)、前城充 (沖縄県南風原町)、町村純子 (助産師)、山口清明 (特定非営利活動法人はびりす・作業療法士)　山口ひとみ (鹿児島県霧島市議会議員)、吉岡和哉 (群馬パース大学、作業療法士)

☐ 監修・編著者プロフィール

小林　隆司（こばやし・りゅうじ）

1964年広島県生まれ。作業療法士、2023年4月より兵庫医科大学リハビリテーション学部作業療法学科教授。キャリアとしては、第4コーナーを回って、ゴールが見えるところにきた。最近では、これからの作業療法士のために何が残せるのかと自分に問いかけることも多くなった。今回のような執筆によって、地域における作業療法士のプレゼンスを高めていくこともその一環だし、次世代の教育システムを発展させるためにコアカリキュラム検討チームに属しているのも、そういった動機からである。最近、ハンドケアが気になっていて、手に原点回帰しつつある。

佐々木将芳（ささき・まさよし）

1978年愛知県一宮市生まれ。2004年日本福祉大学大学院社会福祉学研究科社会福祉学専攻博士前期課程修了。2018年より静岡県立大学短期大学部社会福祉学科講師。大学院在籍時、発達心理学分野の教員に師事にしたことで、地域の障害児施設での発達相談や公立保育所の巡回指導に約10年携わる。いまも年間複数回は保育所等の事例検討会でスーパーバイザーを務めている。また、地元愛知で、現在の放課後等デイサービスとなる「児童デイサービス」や居宅介護を運営するNPO法人の起ち上げと運営に関わり、現在も理事を務める。社会福祉士。

糸山　智栄（いとやま・ちえ）

1964年岡山県生まれ。大学卒業後、岡山県子ども劇場協議会専従事務局として10数年働き、退職後、介護資格を取得。登録ヘルパーを経験した後、2005年NPO法人で訪問介護事業を開始し、2012年株式会社に移行。この間の子育てで学童保育に保護者として関わり、岡山県学童保育連絡協議会事務局長、会長として意欲的に活動。施設の木造化や作業療法士との連携に注力。NPO法人フードバンク岡山理事長、NPO法人さんかくナビ理事長、株式会社えくぼ代表取締役。作業療法士を愛する人々のオンライン多職種交流会OTIT発起人。岡山市在住。

藤﨑　咲子（ふじさき・さきこ）

1981年神奈川県生まれ。2004年北里大学医療衛生学部リハビリテーション学科作業療法学専攻卒業。リハビリテーション病院、介護老人保健施設での勤務を経て、現在は訪問看護、児童福祉、障害福祉分野の事業所に非常勤スタッフとして従事。自身の子育て経験から多様な人々が、その人らしく共生する社会のあり方について興味関心をもっている。オンライン多職種交流会OTIT運営メンバー。作業療法士、福祉マネジメント学修士（専門職）、公認心理師。

田中　雅美（たなか・まさみ）

1970年熊本県生まれ。佐賀県唐津市に在住。2010年、放課後児童クラブ指導員の職に就く。2016年に佐賀県認定放課後児童支援員資格を取得、10年間支援員として働き2020年子どもの居場所「じゃんぷ」を開設。2021年　放課後児童クラブを退職、一般社団法人キラキラヒカルを設立、代表理事。現在、唐津市内に子どもの居場所を3拠点、2023年4月より、唐津市初となる民設民営の放課後児童クラブを運営。佐賀県放課後児童支援員。チャイルド・家庭療法カウンセラー。

地域作業療法ガイドブック　子ども編

2024年3月20日　初版発行

監　　修 ● Ⓒ小林隆司
編　　著 ● 佐々木将芳・糸山智栄・藤﨑咲子・田中雅美
発行者 ● 田島英二
発行所 ● 株式会社 クリエイツかもがわ
　　　　〒 601-8382　京都市南区吉祥院石原上川原町 21
　　　　電話 075(661)5741　FAX 075(693)6605
　　　　https://www.creates-k.co.jp　info@creates-k.co.jp
　　　　郵便振替　00990-7-150584
イラスト ● ホンマヨウヘイ
装丁・デザイン ● 菅田　亮
印刷所 ● モリモト印刷株式会社
ISBN978-4-86342-365-7 C3036　　　　　　　　　　printed in japan